U0942294

聖經通識叢書

使徒行傳與保羅書信要領

張達民、黃錫木著

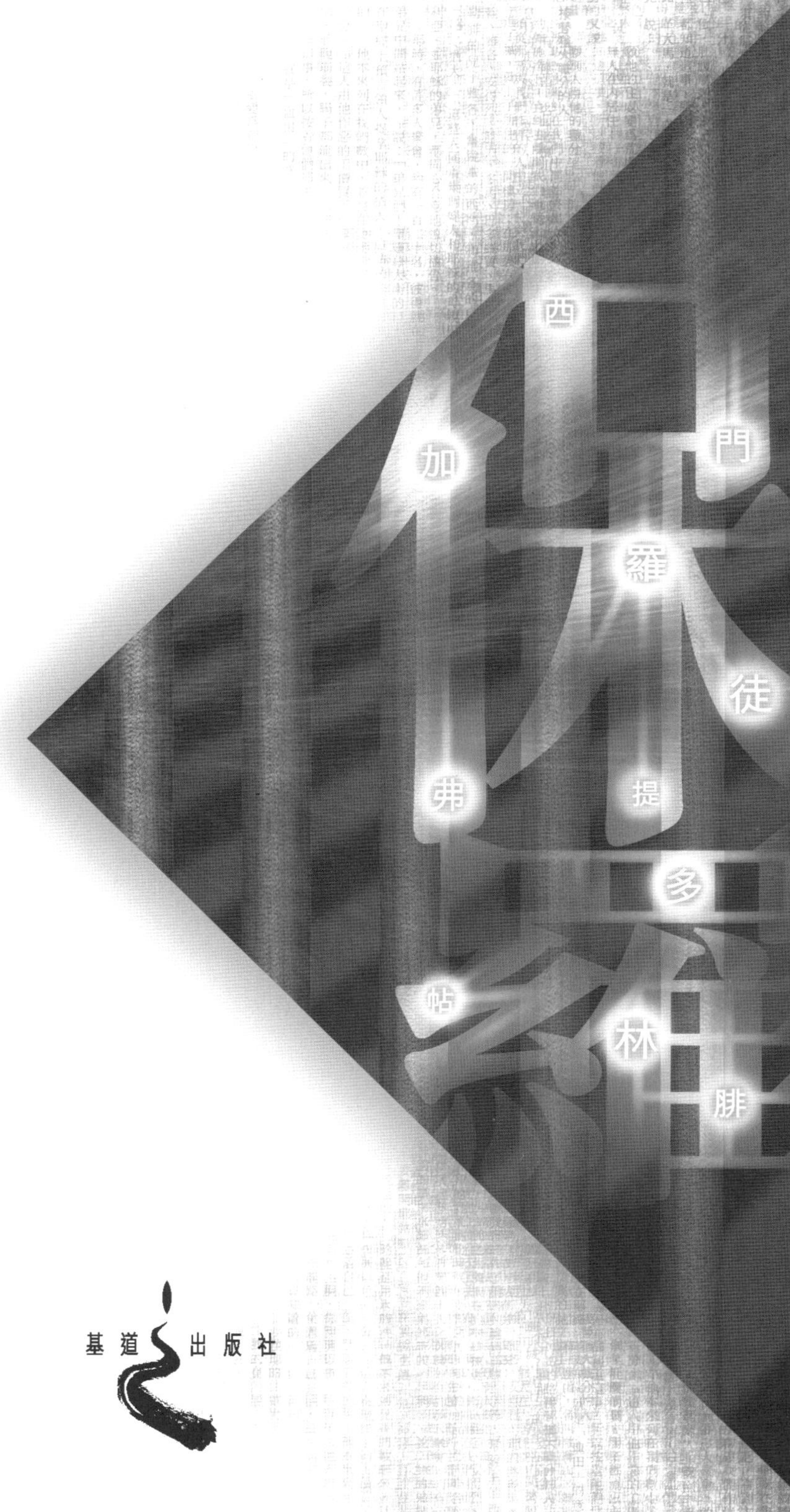

基道出版社

▼

聖經通識叢書

使徒行傳與保羅書信要領

The Essentials of the Bible
Acts and Pauls' Epistles

作者
張達民 Cheung, Alex T.M.、黃錫木 Wong, Simon S.M.

系列編委
張達民、張略、孫寶玲、黃錫木

審閱
黃鳳賢

執行編輯
羅慧琪

內文設計
莫可雅

封面設計
胡立強

■

出版／發行
基道出版社
香港沙田火炭坳背灣街 26 號富騰工業中心 10 樓 1011 室
LOGOS PUBLISHERS
Unit 1011, 10/F, Fo Tan Ind. Centre, 26 Au Pui Wan St., Shatin, Hong Kong
電話：(852) 2687-0331　傳真：(852) 2687-0281
網址：https://www.logos.com.hk

承印
陽光（彩美）印刷有限公司

●

10/2003 初版、8/2005 二版
Cat. No. LP151-2C
ISBN-10: 962-457-245-3
ISBN-13: 978-962-457-245-2

刷次	14	13	12	11	10	9	8	7	6	
年份	2031	2030	2029	2028	2027	2026	2025	2024	2023	2022

聖經書卷要領

「聖經書卷要領」是「聖經通識叢書」的進階課程，以本叢書之「聖經鳥瞰」（包括「基礎篇」和「進深篇」）為基礎，進深介紹各類別聖經書卷的內容和信息，分別是舊約的五經、歷史書、詩歌智慧書、先知書，以及新約的福音書、使徒行傳和保羅書信、普通書信（包括啟示錄）。透過扼要介紹同一類別的書卷的信息和主題，「聖經書卷要領」可讓讀者循序進入「聖經書卷析讀」較深入的討論；當然，本叢書各冊亦可獨立使用，供資深信徒作研經之用，或作為主日學和查經班的教材。此外，各冊依然保留本叢書的特色：活潑和生動。

為更配合內文的討論，避免花不必要的篇幅討論翻譯等問題，這叢書所引用的聖經譯文全取自《現代中文譯本修訂版》（聯合聖經公會，1995；以下簡稱《現修》）。《現修》的翻譯不一定比教會傳統採用的《和合本》更好，然而，相對於《和合本》而言，《現修》的確是用普羅大眾較易明白的現代漢語寫成，而且大致上能夠頗為準確地表達經文的意思。不過，在《現修》與其他主要譯本有顯著出入的地方，本書都會有特別註明，並內文中常附有《和合本》或其他譯本的經文，以作比較。此外，在處理一些關鍵性的經文翻譯時，我們都會扼要地討論原文的意思，讓讀者無論使用甚麼譯本，都能對經文有準確的理解。

「聖經通識叢書」的特色是要兼顧學術研究的精確和執著，與教會信徒的生活實踐，因此，每冊所討論的內容務求達到學術上的嚴謹，又以平易、通達的詞句表達。我們的目的，是要建立一個真正能夠反映聖經學術研究的普及聖經文化，讓信徒和教會可以享受歷代教會先賢和當今學者努力鑽研的成果，更勇敢地面對聖經研究在21世紀學術上的新發現和新理論，從而培養對追求聖經真理的認真和熱誠，並能在真理的基礎上對自己的信仰有更深層和謙卑的反省。

從不敢面對新的真理的懦弱，
從滿足於對真理一知半解的懶惰，
從自以為通曉一切真理的驕傲，
噢，真理之主，拯救我們！

——古代禱文

序言

基督教信仰是建基於主耶穌基督的言行；認識耶穌基督的生平和言訓，當然是每一位信徒首要的研讀課題(參本叢書之《耶穌生平與福音書要領》)。然而，最能闡明和演繹基督教信仰者卻莫過於保羅。保羅不單是一位神學的天才，更是一位披肝瀝膽的牧者和不求名利的宣教士。他的書信佔了新約聖經大概四分之一的篇幅，是了解基督教信仰和生活的基礎。這些書信闡明了基督教的重要教義，使我們可以透徹地明白上帝藉著基督使世人與祂和好的福音。同樣可貴的是，它們提供了不少教會生活的剪影和説明了教義與生活的關係，幫助我們在人生所面對的種種壓力、試探和掙扎下，活出基督徒的身分。

相對於保羅的書信而言，使徒行傳並沒有詳細地闡明教義，也很少論及信徒個人屬靈生命的問題。使徒行傳注視的是宏觀的教會發展，特別是初代教會如何履行耶穌所頒布的宣教使命，將福音從耶路撒冷傳至羅馬的故事。作者從救恩歷史的神學觀點出發，為使我們更明白上帝在祂智慧的計劃裏，拯救全人類的心意和過程。

在新約聖經抄本的流傳歷史裏，使徒行傳和保羅的書信經常編集在一起。這是不難理解的。一方面，使徒行傳對教會發展的宏觀記載，正好與保羅書信對教會生活的微觀描述相得益彰。更重要的是，使徒行傳雖然取名為「使徒」的行傳，但其核心人物卻是保羅——甚至連彼得的事迹也似乎是為後起的保羅鋪路，為要見證耶穌基督的福音如何藉著保羅傳到外邦人中間。因此，使徒行傳相當詳盡地提供了一個關於保羅的傳道生平的歷史架構，使我們更明白保羅書信的歷史處境，從而更能掌握每封書信的獨特信息。事實上，使徒行傳是我們閱讀保羅書信時不可或缺的參考資料。

本書共分9章，討論書卷的內容和主題思想。這9章可歸為兩大部分。第一部分介紹使徒行傳，共有3章。這3章的內容主要源自《風起雲湧的初代教會——使徒行傳析讀》，但為配合這個階段的讀者的需要而重寫。第一章是使徒行傳的導論，介紹該書的作者、寫作目的、結構等課題和一些閱讀須知。第二章對使徒行傳的內容作一扼要解說，既幫助讀者對全書有一個鳥瞰的認識，也提供了研讀保羅書信的背景資料。第三章則基於使徒行傳的內容綜合論述幾個中心主題，使讀者更能掌握全書的脈絡和神學信息。本書的第二部分（第四至九章）介紹保羅的13封書信。第四章是對保羅書信的整體性介紹。第五至九章則配合使徒行傳所提供的歷史背景，按這些書信成書的時序和獨特處境來闡述它們的內容和主題，並就這些主題帶出它們的現代信息。雖然現代聖經學術界對保羅所寫的聖經書卷數目頗有爭議，但不少學者仍然認為羅馬書至腓利門書這13卷具有保羅署名的書信是保羅的作品；這亦是本書的立場。這些保羅書信可謂是新約聖經信息的寶庫，是每一位信徒必須探研的對象。有意進深認識各書信的讀者，可參閱陸續出版的「聖經書卷析讀」各冊。

多謝黃鳳賢姊妹協助我們重寫本書的使徒行傳部分，亦負責全書審稿的工作；黃姊妹那種一絲不苟和精益求精的態度，使全書更為明晰、可讀。多謝基道出版社羅慧琪姊妹的專業編輯以及其他同工的參與支持。也多謝基督工人神學院楊靈芝姊妹的許多寶貴意見。

與《風起雲湧的初代教會——使徒行傳析讀》一樣，本書亦是兩位筆者的合作成果，而在寫作的過程中，同樣處處體驗到上主的恩典。願榮耀歸給這位在使徒行傳和保羅書信裏啟示了祂的恩典、也讓我們在生活上經歷了祂的恩典的上帝！

張達民、黃錫木

2003年6月

錄

專欄目錄

第一部分

使徒行傳

第一章

使徒行傳導論

- 寫作目的
- 主題和結構
- 使徒行傳閱讀須知

1.1. 寫作目的

「使徒行傳」或英文*Acts of the Apostles*之得名，源於這書在拉丁文《武加大聖經》(*Vulgate*)的標題。但事實上，使徒行傳並非記述每個使徒的事迹，而書中一些重要人物，如司提反和腓利，也不是十二使徒中的人。因此，嚴格來說，這書乃旨在記載聖靈在初代教會的工作，怪不得有些早期教會的領袖索性稱這書為「聖靈行傳」。

使徒行傳的作者在書首清楚指出：「在我所寫的第一部書裏，我已經把耶穌的一切事蹟和教導，從他開始工作到他被接升天那日，都敍述過了。在升天以前，他藉着聖靈的力量給自己所選召的使徒許多指示。」(一1～2)毫無疑問，這「第一部書」就是指新約的第三卷福音書，即路加福音。兩卷書不單出自同一位作者，即保羅的好友路加醫生，原本亦是為同一位讀者而寫的，即那有「大人」(《和合本》路一1)專稱的提阿非羅。

這兩卷書的連續性是不容置疑的，而作者之所以分開兩部書來寫，可能是因為這兩卷書的篇幅甚長，卷軸形式的古代書本難以將這兩書的篇幅合併在一卷內；事實上，路加福音與使徒行傳的篇幅，加起來要比保羅書信篇幅的總和還要長。既是一書兩冊，作者在路加福音一章1至4節所聲明的資料搜集和撰寫方法、目的，自然也同樣適用於使徒行傳：

1. 有關耶穌和早期基督徒運動的資料是由目擊證人流傳下來的；
2. 對這些經歷和報道，路加都經過仔細的調查和甄選才使用；
3. 作者寫這書的目的，是要肯定讀者(原先的讀者是提阿非羅)一直以來所聽到的事情都是真實的，使他在基督信仰的知識上得以成長，信心得以堅固。

偉大的早期教會歷史家優西比烏（Eusebius；公元265～340年）指出路加寫這書與「第一部書」有一主要的差別：路加「不是根據別人的敍述而寫，而是按照自己親眼目睹的事實，記錄而成」（《教會歷史》3.4.6）。優西比烏這觀察主要是指使徒行傳的下半部分，作者路加在所謂「**『我們』段落**」中，往往以第一人稱的複數代名詞來表明所記載的都是他在場見證的事實。

「我們」段落（十六10～17，二十5～二十一25，二十七1～二十八16）

在路加福音裏，耶穌的一生就有如一段漫長的旅程，以加利利作他一生事奉的起點，而耶路撒冷則是他事奉的終結。至於使徒行傳，就以耶路撒冷作為福音向外拓展的起點，而以羅馬為終結。

1.2. 主題和結構

綜覽全書的結構，路加在內容鋪排上最明顯要突出的主題是：初代教會約於公元30至60年這30年間，如何履行耶穌所頒布的「大使命」。

為要説明初代教會的發展經過，路加帶領讀者走過耶路撒冷、猶太、撒馬利亞、敍利亞、塞浦路斯，以及馬其頓的若干城市和希臘等，直至最後的羅馬為止。據此，我們可以按著使徒行傳一章8節（「……你們會充滿着能力，要在耶路撒冷、猶太，和撒馬利亞全境，甚至到天涯海角，為我作見證」），把全書分為3大段落：

1. 一章15節至八章3節：描述耶路撒冷城；
2. 八章4節至十一章18節：論到撒馬利亞和其他沿海城市；
3. 十一章19節至二十八章31節：延及外邦人的地方。

為貫徹本書的主調，即教會怎樣將福音從猶太人起傳至外邦人，路加更以福音繼續不斷發展的筆觸來收結全書：「他大膽地宣揚

上帝國的信息，教導有關主耶穌基督的事，沒有受到甚麼阻礙。」（二十八31）

在這「大使命」的大前提之下，本書採用另一種分段方法，相信更能仔細地反映這書的結構，亦能反映不同階段的發展。路加藉著5個鑰句，把全書所記載的歷史分成5個階段，既摘要總結每一階段的發展，也表明這一連串的事件均使上帝的道和教會興旺起來（參下文專欄「使徒行傳摘要」）：

1. 六章7節：「上帝的信息繼續傳開；在耶路撒冷的門徒數目增加很多，許多祭司也接受了這信仰。」
2. 九章31節：「當時，猶太、加利利、撒馬利亞各地的教會有了一段平安的時期。教會在敬畏主，在聖靈的扶助下建立了起來，人數日日增加。」
3. 十二章24節：「上帝的道繼續擴展，日見興旺。」
4. 十六章5節：「因此，各教會在信心方面得以堅固，人數也一天比一天多起來。」
5. 二十八章31節：「他大膽地宣揚上帝國的信息，教導有關主耶穌基督的事，沒有受到甚麼阻礙。」

不過，路加並非純為描述初代基督教的發展而已，他更要藉此為基督信仰辯護。透過羅馬眾官長均不約而同地判保羅無罪（十八12～17，十九35～40，二十三23～30，二十四22～26，二十五13～21），路加要向當時的外邦讀者指出，基督信仰對羅馬帝國和社會並無害處，亦無威脅。雖然有些猶太人始終沒有放棄攻擊保羅，但連在議會中的法利賽人和「猶太人的王」希律亞基帕二世也要宣判保羅無罪（二十三9，二十六30～32），可見保羅的被囚並非因為犯罪，而是因為見證基督。

使徒行傳摘要

信息：記述聖靈降臨的情況，並以彼得與保羅兩位使徒作焦點，詳述早期基督教會的建立及擴展到外邦的經過。

作者：路加

寫作日期：約於公元80至90年間

大綱

A. 描述耶路撒冷教會的情況(一1～六7)

B. 記述福音自耶路撒冷傳到撒馬利亞的經過(六8～九31)

C. 記載有關彼得帶領哥尼流歸主的事迹(九32～十二24)

D. 展開保羅向外邦人傳福音的宣教旅程(十二25～十六5)

E. 記述保羅將福音帶到羅馬的歷程(十六6～二十八31)

1.3. 使徒行傳閱讀須知

使徒行傳是敍述性的文體。路加透過這歷史性的敍述，表明了基督教的信仰是建基在歷史上，與一些神祕宗教或神話迥然有別。福音不是抽象的神學理論或宗教意識，而是上帝直接介入人類的生命，並在歷史舞台上彰顯祂拯救的大能。透過歷史上許許多多有血有肉的見證人和扣人心弦的情節發展，路加將福音開展的歷史進程展現讀者眼前。這種具體的歷史感所帶來的效應是其他文體(如神學論文)所無法達到的。

不過，敍述文體也有它的限制。敍述文體所記載的，都是在一個特定的時空之下所發生的事件，並且通常只能間接地闡明神學思想或道德教訓，例如藉著資料的編排，穿插一些講章和論述性的對話，又或透過書中人物的榜樣或下場來達到鑒古知今的功效。但無論如何，始終不如書信類論述文體那麼清楚直接，能明確地因應當時教會的處境予以教導和修正。再者，使徒行傳的著眼點是在宏觀的教會發展而不在教會內部教義的爭辯或闡述。事實上，在使徒行傳裏，保羅的講道並不包含在他的書信裏的基督論、末世觀、基督之死的贖罪性及信徒與主聯合等重要神學觀念的討論。

留意四章8節，當彼得和約翰在猶太人議會被審問時，「彼得被聖靈充滿」，然後就站在猶太人的領袖面前見證主名；文中並沒有記述任何「說靈語」的現象。聖靈的臨在與說靈語似乎沒有必然的關係或千篇一律的定式，所以切忌將某一二現象的意義絕對化。

因此，當我們要從使徒行傳歸納出一些教義或規範性的行為時，必須格外謹慎，也不宜武斷。舉例來說，使徒行傳記載聖靈澆灌在某些信徒身上時，他們會說「**靈語**」（十46～47，十九6；參二11），那麼，這是否表示聖靈每次的臨在都會使人說出靈語呢？相反，沒有說靈語是否就表示信徒沒有領受聖靈呢？說靈語的現象在當時的救恩歷史階段中扮演著甚麼樣的角色？這角色到今日有否轉變？

此外，在敍述文體中，作者有時只描述某些事件，並沒有直接地予以評價。例如路加是否同意那些人將病人抬到街上，希望彼得的影子會投在病人身上的做法呢？保羅和巴拿巴為馬可的爭執，究竟誰是誰非呢？就算我們了解路加的看法，也不能肯定某些做法（如二44「所有的東西大家公用」）是否放諸四海皆準。

使徒行傳記載初代教會所面對的困難之一，是要分辨當時的文化和救恩的真理，好使非猶太裔的基督徒不必囿於猶太人的規條（例如受割禮和守潔淨禮），因為這些規條原只屬猶太民族的文化，並不是基督信仰的內涵。今天當華人基督徒讀到初代教會所面對的困惑時，又如何設身處地與他們一同經歷這掙扎呢？在某程度上，今天的教會也需要在教會文化傳統與聖經真理之間作出明辨。教會領袖對平信徒

(特別是初信者)在說話措詞、衣著、屬靈生命的表徵和事奉的模式等各方面的要求，要小心處理，也要謹慎地活用聖經的教導，免得重蹈初代教會一些固執分子的覆轍，既不能使信徒得益處，更將額外的要求加諸信徒身上，成為他們信仰上的擔子！

總的來說，我們閱讀使徒行傳時，必須了解敍述文體的限制。更重要的是，我們應該了解路加的寫作目的和文學手法，嘗試領會他的歷史記載所要表達的主要信息。路加不單要記載早期教會的歷史，更想從**救恩歷史**的神學觀點出發，記述初代教會的使徒怎樣履行耶穌所頒布的宣教使命，將福音從耶路撒冷傳至羅馬，使讀者更明白上帝藉著祂智慧的計劃，拯救全人類的心意和過程。因此，我們閱讀使徒行傳的時候，必須留意作者對舊約聖經和福音書的引用或暗示，因為透過作者貫連的演繹，我們會更明白救恩歷史的進程。

「救恩歷史」特別指從基督教信仰角度來看人類歷史，認為某些歷史事件會在人間發生，乃是基於上帝的主導，目的是要拯救人類。又由於聖經所展示的歷史都以上帝的拯救為中心，所以在很大程度上，「救恩歷史」也就是聖經中所展示的歷史。

如果我們要從使徒行傳中吸取教訓並加以應用，應該儘量配合新約書信的明確教導。尤其重要的是，如果書信裏並沒有清楚的根據，我們便不宜貿貿然以使徒行傳所載的個別事件，作為建立教義或信徒行為規範的重要基礎。

第二章

使徒行傳內容要領

- 初代教會的成立和發展
- 在逼迫中成長的教會：從耶路撒冷到撒馬利亞
- 聖靈傾注外邦的先聲
- 揭起普世救恩擺脱猶太傳統的戰幔
- 直至天涯海角

2.1. 初代教會的成立和發展 (一1～六7)

甚麼是教會？在新約聖經裏，「教會」這詞可指普世教會，又可指地區教會。普世教會是一個不受地區邊界、種族、建築物所限的無形而理想的教會，這教會包括世上所有跟隨基督的人，新約聖經中的以弗所書所討論的教會就是指這樣的教會。然而，基督教會的開始卻是地區性的，它有獨特的組織、生活模式和羣體動力，使徒行傳所介紹的初代教會就是這樣的教會。這教會開始於巴勒斯坦，不到30年，已遍及羅馬帝國所有主要的城市。

漁夫搖身一變，成為偉大的佈道家；膽怯的門徒竟然公然挑戰有權勢的宗教領袖；3000、甚至5000人竟一日之內信主，全民信主，豈非指日可待？使徒行傳首個段落(一1～六7)不但告訴我們教會的開始有如此輝煌的成績，也指出隨著教會人數增多而相繼冒起的問題。然而，作者路加對教會的發展仍抱樂觀的態度(六7)。

2.1.1. 耶路撒冷教會的成立 (一1～二47)

路加福音的結尾和使徒行傳的開頭都描述到耶穌的復活和升天，為本來極失望沮喪的門徒帶來了新的希望。這個交接點除把這兩卷書緊扣在一起外，也展示了耶穌生平和初代教會成立在救恩歷史上的延續性關係。

耶穌在升天前給使徒們進行一個長達40天的密習課程；可是使徒們還是不甚明白耶穌所教授的主旨，仍只關注自己民族的命運。

耶穌要把他們的焦點從這種以以色列人為中心的彌賽亞觀念，轉移到以全人類的福祉為目標的福音運動上(一6～8)。耶穌應許門徒要領受「聖靈的洗禮」(一5)，並要從耶路撒冷開始直至天涯海角為他作見證(一8)。

縱然使徒們尚未完全明白耶穌臨別的教導，更不知道前路如何，他們還是順服地聽從了耶穌的吩咐：「不要離開耶路撒冷，……要等候我父親的應許。」(一4)並在這段等候的日子裏，「常在一起同心禱告」(一12～14)。

對於一些想幹一番大事的人來說，等候是最困難的功課；你若是其中的一分子，在這等候期間會有甚麼感受？

在彼得帶領之下，他們進行使徒補選，填補了那出賣耶穌後自殺的加略人猶大的位分。補選使徒的資格所著重的是親身的、一手的見證(一21～22)。這些活生生的見證人——使徒，對新約正典背後的規範，發揮了重要的**監察作用**。「十二使徒」的位分復得圓滿，不單代表著一個「新以色列民族」的開展(參啟二十一12～14)，更為聖靈的降臨而準備就緒。

參《聖經鳥瞰——基礎篇》第四章之「新的規範傳統」。

就在耶穌升天後第一個**五旬節**那天，當眾門徒聚集之時，忽有響聲從天而降，如一陣大風颳過的聲音，又有形狀像火燄的舌頭出現，落到各個門徒身上，他們就開始說起別種語言來。這些現象使人想起上帝昔日在西奈山降臨的榮耀(出十九16～19；來十二18～19)。毫無疑問，這就是耶穌吩咐門徒所等待的「聖靈的洗禮」(一5)。自此，五旬節又稱為「聖靈降臨節」，因為聖靈在這節期強而有力地臨到眾信徒。

五旬節原來是紀念摩西時代，希伯來人離開埃及後，首次在自己的土地享受到初熟的果子(利二十三15～22；申十六16～17)。這個節期在逾越節之後的第七週舉行，所以又稱為「七七收穫節」(出三十四22)。此外，猶太拉比傳統也在五旬節慶祝上帝藉摩西在西奈山頒布律法。

在這一天，彼得宣講了在耶穌復活後的第一篇講章(二14～36)。這位生性剛愎、又曾一時怯懦而不認主的加利利漁夫，在聖靈能力的澆灌下，竟有如此大的感召力，在一日之間，就呼喚了3000人受洗歸主(二41)。

這批第一代的信徒就服從使徒的教訓，過著團契的生活，守主聖餐。他們有些更變賣自己的財產，將所有的奉獻出來，與其他成

你對主再來的渴慕如何影響你對財富的看法？你認為這種「共同分享，各取所需」的生活在今天的教會是否可行？

員「共同分享，各取所需」。這種共產生活的模式，或多或少出於他們那種「臨近的末世觀」：既然耶穌很快就要從天上回來，地上的財富就變得無足輕重了。更重要的是，這種財產公用的互助互愛精神是出於聖靈在信徒生命裏的工作，使這個初生的信仰羣體得以更緊密地凝聚，切切守望主的再來。

教會的建立和成長乃源自聖靈大能的作為。在耶穌升天前，門徒不能理解耶穌的教導，也不明白留在耶路撒冷等候的意義和價值。但如今，他們開始領悟到耶穌要他們看見的，不是在地上以色列國的復興，而是屬靈的以色列國的能力。

2.1.2. 初代教會的發展 (三1～六7)

五旬節後，信徒人數劇增，彼得的領導地位也愈發明顯，即使「彼得和約翰」同時在場，説話的人總是彼得。

你若是那生來跛腳的乞丐，既經歷這神奇的醫治，又知道猶太人議會與彼得等人的爭拗，你的反應會是如何呢？

有一次彼得和約翰進聖殿禱告時，彼得主動地在聖殿外醫好一個生來跛腳的乞丐。當眾人都驚訝地注視著這位從前是跛腳、現在卻跳躍著讚美上帝的乞丐時，彼得就把握這個時機，向他們宣講復活了的基督，帶領超過5000人信主。後來，彼得和約翰卻因而被猶太議會拘禁起來。然而，使徒為主作見證的勇毅在此表露無遺。一次又一次的被捕(四3，五18、26)，一次又一次不畏強權的辯駁和被釋放(四21，五19、40)，可見初代教會的宣講事工就在這種經常被人監視、威嚇的情況之下開展。而彼得那番語氣堅決的話：「我們必須服從上帝，不是服從人」(五29)可謂成為了他們的標語。

因著使徒們宣講復活基督的熱切和施行神蹟奇事的恩賜，教會在耶路撒冷迅速增長，瞬間頗有全民歸主之勢。然而，隨著教會人數不斷增加，內部問題也開始浮現；這並不奇怪，因為教會本身就是罪人聚集的地方。

在彼得和約翰幾次被拘捕之間，路加插入了兩件教會內部的事件的記述，都與他們財產公用的生活有關。首先，亞拿尼亞和撒非喇在變賣財物、交給使徒的事上不誠實，他們試圖欺騙教會，其實就等於欺騙上帝。而彼得就好像摩西一般，滿有權柄地施行審判，他的判辭帶著上帝的能力，結果兩人相繼死去（五1～11）。另外，説希臘話的猶太人又埋怨教會在每日生活費的分配上不公平，忽略了他們的寡婦。這只是一件事例，卻反映當時教會混雜著文化背景各異的猶太人，彼此的融和及協調並非一朝一夕的事。不過，7位執事（《現修》譯作「助手」）的選立確可以幫助十二使徒更「專心於禱告和傳道的任務」（六4），以致使徒行傳的作者在這裏加插了這個段落式的結語：「上帝的信息繼續傳開；在耶路撒冷的門徒數目增加很多，許多祭司也接受了這信仰。」（六7）

教會內部張力的初露

按著「所有的東西大家公用」的原則（二44～45，四32～35），教會的資源乃是「照各人的需要分給各人」（四35），因此，原則上，在教會應該「沒有人缺乏甚麼」（四34）。然而，事實卻並非如此理想，六章1節所指出的實況是：「⋯⋯那些説希臘話的猶太人和説希伯來土話的猶太人之間發生了爭執。説希臘話的猶太人埋怨使徒在分配每日的生活費這事上疏忽了他們當中的寡婦。」路加不想誇大教會內部的不和，只是輕描淡寫地帶出人際問題的存在。

你的教會有否這類因成長、教育或文化背景不同而產生的隔閡問題呢？

這裏指出有3類人，分別是「説希臘話的猶太人」、「他們當中的寡婦」和「説希伯來土話的猶太人」。這些説希臘話的猶太人為他們的寡婦抱不平（是自己人嘛！），因為教會（大概主要是説希伯來土話的）在「每日」的供給上都忽略了他們的寡婦。誰是「説希臘話的猶太人」？對一個成長於猶太地的猶太人（即文中的「説希伯來土話的猶太人」）而言，「説希臘話的猶太人」就是「希臘化的猶太人」，他們差不多相等於自由派的猶太人，對猶太的傳統並不執著，又擁抱希臘文化和思想；那就相等於40年代國內受西洋文化影響的年青人（或知識分子）一樣。希臘化猶太人與保守的猶太人常因觀點不同而多有磨擦，而教會的圈子亦不能倖免，同樣有這情況出現。

儘管這7位執事是如何「有名望、受聖靈充滿、又有智慧」的人（六3），我們也不應該期望他們一下子就把希臘化猶太人與保守的猶太人之間由來已久的隔閡完全化解。事實上，這兩羣人的分歧和衝突在接下來的福音拓展外邦的歷程裏愈見鮮明和激烈。然而，在上帝的智慧安排下，這些分歧卻突顯了福音與文化的區別，讓教會經過不少反省和掙扎後，能逐漸明白以致傳揚一個擺脱了猶太傳統囿限而涵蓋普世文化的福音。

2.2. 在逼迫中成長的教會：從耶路撒冷到撒馬利亞 （六8～九31）

你有甚麼信仰上的盲點？你認為有可改善的方法嗎？

教會人數多了，資源豐足了，就很容易自滿，忘記了自己存在的真正意義和使命，今天的教會如是，初代教會也不例外。使徒們雖然滿有異象和聖靈的能力，也願意為福音犧牲受苦。可是，自滿的心態和故步自封的民族主義卻成了他們信仰上的盲點，攔阻了他們履行基督的託付——將福音傳遍萬邦。然而，上帝未有遺忘祂的計劃：祂要親自「推動」初代教會實踐傳福音的使命。祂容讓教會經歷嚴峻的逼迫，並藉著一些個別信徒的遠見和膽量，把教會的地界從耶路撒冷擴展至各地，而第一步就是要到猶太人最討厭的地方撒馬利亞去。

使徒行傳的第二個段落（六8～九31）記載初代教會如何向耶路撒冷以外地區踏出第一步。這段落的事迹的主角不再是耶路撒冷的十二使徒，而是第二線的教會領袖，包括司提反、腓利，以及掃羅（即保羅）。在路加的鋪排下，司提反是日後歸主的保羅的啟蒙者，而腓利則是向外邦人傳道的拓荒者，為保羅立下模範。

2.2.1. 第一位殉道者司提反 （六8～七60）

本段記載了自耶穌離世後，初代教會所陷入的最大危機，耶路撒冷教會所面對的嚴峻逼迫是前所未有的。然而，在上帝的旨意中這危機卻轉變為教會傳福音的契機。

司提反是7位執事中最為能幹的。當司提反被拉到猶太議會受審，他反而譴責那些控告他的人犯了殺害上帝所差派「那公義的僕人」（七52）的罪。

司提反的信息（七2～53）既闡述基督信仰與猶太教傳統的深厚淵源，又明斥當時猶太教領袖的閉塞愚頑；這反映司提反對「律法」和「聖殿」等最基本概念的理解，與猶太教領袖有很大的分歧。既然講道理不成，就要訴諸暴力，這是在人類歷史中隨處可見的；結果，司提反就在亂石襲擊之下殉道。

在當時的旁觀者中，有一名年輕人拍案叫絕（七58、60）；他稍後就成了禁絕猶太人信從耶穌的急先鋒，甚至挨家挨戶地搜捕信主的猶太人。他就是掃羅（即後來的保羅）。然而，此際殉道的司提反卻又在冥冥中成為歸主後的保羅的先驅，在**路加的精心編排**下，他們連被控的罪名也如出一轍。

比較六章13節：「這個人常常說話反對我們的聖殿和摩西的法律。」和二十一章28節：「這個人到處說教，反對以色列人民和摩西的法律，也反對這聖殿……」

司提反遇害殉道後，耶路撒冷的信徒也被迫逃離耶城，並分散各地傳福音（八4）；惟有使徒則仍舊留守耶路撒冷。

2.2.2. 突圍而出的宣教士腓利 (八章)

在7位執事中，司提反明顯是最突出的一位，但就傳福音的熱心而言，另一位執事腓利則可謂有過之而無不及，因為他是其中一個最早主動將福音帶出耶路撒冷的信徒領袖。

在一個倡導「凡物皆有價」的社會中成長，我們或會把舊生命的積習帶進新的生命裏，以為能藉錢財獲得屬靈的恩賜。你可曾以為屬靈恩賜是可以討價還價，換取得來的呢？

腓利去到撒馬利亞，趕出污靈，醫治病人，大得名聲。留意作者描述腓利的字眼，與昔日描述使徒彼得的很相似。不過，撒馬利亞的佈道成果還需耶城使徒的監控和認受。當記述彼得和約翰給撒馬利亞信徒按手而使他們領受聖靈的同時，路加特別提及一名心術不正的初信者——術士西門，他企圖用金錢換取屬靈的權柄（9～24節）。結果，透過使徒的申斥，不但西門的偏差得到警戒，撒馬利亞教會的信仰基礎亦就此奠定。

離開了撒馬利亞，腓利得天使的指示進入迦薩的曠野，遇見了一位衣索匹亞（一般稱為「埃塞俄比亞」〔Ethiopia〕）的太監，並按聖靈的指示，靠近太監的馬車走。因聽到太監正誦讀以賽亞書（大概是五十三章），腓利就把握機會，指出在耶穌身上所發生的事正好應驗了這段經文。太監當下就接受了福音，且主動提出受洗的要求，腓利就為他施洗（八26～38）。

之後，上帝又帶領腓利到地中海沿岸一帶傳道，直到凱撒利亞（39～40節）。根據教會傳統，腓利更可能是第一個（或是首批）將福音傳入非洲的人。

承先啟後的腓利

與司提反和保羅相比，腓利的身分似乎有點遜色。然而，在使徒行傳，路加卻給予這位默默耕耘的傳道者一個相當突出的位置。路加把腓利的事迹放在八章，介於司提反殉道與保羅歸主之間，實在意味深長。

腓利並沒有被司提反的殉道而掀起的迫害所嚇倒，反而把危機轉成福音向外拓展的契機，可謂是初代教會中第一位落實大使命的人。按使徒行傳記載，腓利在大使命的實踐上，實在具有代表性的意義。他既率先把福音帶到撒馬利亞，亦首先將福音傳給外邦的猶太教信徒，從這角度看來，腓利堪稱為「外邦人的使徒保羅」的先鋒。腓利既上承司提反的殉道精神，在逼迫中突圍而出，又下啟保羅向外邦宣教的事工，在路加的筆下，腓利實在擔當著承先啟後的重要角色。

2.2.3. 後起之秀保羅 (九1～31)

司提反的死，掀起了一股迫害耶穌追隨者的浪潮。路加用很嚴峻的字眼來形容當時的情況(八1～3)。最令耶路撒冷教會聞風喪膽的就是掃羅，他使教會遭受極殘酷的迫害。

• 圖中可清楚看見保羅的人像。保羅的外型可追溯至2世紀一份文獻《保羅與特格拉行傳》(*Acts of Paul and Thecla*)所載：「保羅的個子相當矮，禿頭，弓形腳，眉毛相連，還有一個又大又紅的鷹鉤鼻，身體強壯……。」

掃羅的背景

按使徒行傳和保羅書信所提供的資料，保羅出自便雅憫支派一個虔誠的猶太教家庭（腓三5），卻是羅馬公民，大概於公元5至10年間出生在基利家（亞細亞）的一個商業和學術中心大數城；後於公元65至67年間在羅馬殉道。他別名「保羅」，意即「細小」。

掃羅自小就接受律法和先知傳統的教育，通曉希伯來文、亞蘭文、希臘文和拉丁文。掃羅大概在13歲左右就來到耶路撒冷，在當時著名的教師迦瑪列的嚴格訓練之下度過了他的青少年時代（二十二3），他專心學習猶太法典，也可能在這期間，學得一門製造帳棚的技能作謀生之用（十八3）。

掃羅在信主後若干年，憶述他昔日常以忠心的法利賽人（加一13～14；腓三5～6）自居，並視迫害耶穌的跟隨者為天經地義的事（林前十五9；加一23；腓三6），甚至是對整個律法制度（甚至是猶太教）絕對忠誠的表現。我們必須弄清楚，掃羅並非逼迫所有的基督徒，因為他根本沒有任何權柄逼迫非猶太裔的基督徒。

掃羅所針對的，是那些質疑猶太人那種以「上帝子民」自居的優越觀念和獨享上帝救恩的特權的論調、以及任何孕育普世救法式的希臘化猶太教（簡單來說，就是一種洋化的猶太教）的企圖，因為這將會直接動搖猶太教的基礎，甚至摧毀猶太教的信仰傳統。同樣，猶太人之所以要殺害耶穌，並非單單因為他自稱為彌賽亞或宣稱與上帝原為一的關係（約十30），更重要的原因是耶穌根本動搖了猶太人所自恃的身分和傳統（約八37～59）。

如果掃羅出生於公元5～10年，他信主時應大約是25至30歲。

然而在一次往大馬士革的路上，掃羅經歷了轉變，**他的悔改**和奉獻是極其迅速而劇烈的；這不單止是他個人一生的轉捩點，亦可謂是基督教會發展上的一個里程碑。以後的保羅不但成為基督教向普世拓展（特別在外邦人中）的中堅力量；他給予各教會的書信也佔新約書卷的大部分。

掃羅奉獻的心志旋即化成行動，向大馬士革各會堂的猶太人傳福音，用堅定的論據來證明耶穌是基督。按加拉太書一章所提供的資料，掃羅大概就在這時期到過阿拉伯，就是拿巴提王國（大概相等於今天的約旦），向外邦人傳福音，約有3年之久（即約公元35～38年）。其後再回到大馬士革，並遭到同胞的謀害（九23～25）和亞哩達王手下的總督的追捕（林後十一32～33）。幸好他的門徒用大籃子把他從城牆上縋下去，才得脱險。

從大馬士革脱身後，信主後的保羅才首次造訪耶城，耶路撒冷的信徒卻不願也不敢與保羅見面。直至透過巴拿巴的保薦，保羅才得到接納。當保羅剛開始在耶路撒冷傳道不久，他的生命瞬即再次受到威脅，信徒們就將他送回故鄉大數（29～30節；加一21）。

你能否體會掃羅被耶城的信徒冷落的心情？你曾嘗過不被弟兄姊妹信任的滋味嗎？

本來因恪守猶太人傳統而逼迫基督徒的保羅，如今竟成為了基督徒，更反遭猶太人的逼迫。在路加的筆下，掃羅歸主、奉獻和傳道的歷程不單極富傳奇色彩，更突顯出易地而處的諷刺效果。透過這個段落的描繪，路加要強調的是，掃羅的歸主、奉獻、傳道正標誌著一個新紀元的開始。因此，從這裏界分出使徒行傳的第二階段是最合適不過的：「當時，猶大、加利利、撒馬利亞各地的教會有了一段平安的時期。教會在敬畏主，在聖靈的扶助下建立了起來，人數日日增加。」（31節）

2.3. 聖靈傾注外邦的先聲 （九32～十二24）

隨著掃羅信主，又返回大數，初代基督教會所面對的逼迫亦暫時緩和下來。作者路加本來可以繼續報道掃羅在大數的傳道工作，但他卻首先加上一段關於彼得的插曲（九32～十一18）。為何路加要在這裏把鏡頭的焦點轉到彼得身上呢？

當時，對於以彼得為首的耶路撒冷教會來說，向外邦人傳福音這個大使命只是停留在頭腦上的認知而已，卻從未親身體驗過；至於基督教會的發展與這大使命之間的關係，使徒們大概也未曾想過。然而，因著哥尼流信主的事件，引發耶路撒冷教會的一次內部會議，最後更帶出耶城教會的成員親口說出的一句話：「上帝把因悔改而得生命的機會也賜給外邦人了！」（十一18）可見哥尼流信主的事件正標誌著福音向外邦推進的一個里程碑，這可不簡單呢！

2.3.1. 哥尼流信主 （九32～十48）

雖然這些人可能會視自己為「猶太教徒」，但除非他們接受割禮，並遵守猶太人的全部律法，否則一般猶太人並不會視這些人為「上帝的子民」。

上帝既然已經差派天使向哥尼流顯現，為何不直截了當地叫天使將福音傳給他呢？答案很簡單：因為不單哥尼流需要知道上帝拯救外邦人的心意，彼得以及耶路撒冷教會都需要知道。

哥尼流是一名羅馬的「軍官」（十1，《和合本》譯作「百夫長」），官職並不低微。他是一位敬畏上帝的「虔誠人」、「義人」，意即**歸信猶太教**、但卻未受割禮的外邦人（十2、22）。在一次禱告中，**天使向哥尼流顯現**，叫他派人往約帕的皮革匠「西門」家，請作客的「西門．彼得」（十5～6、17～18）前來，為要領受彼得的教導（十22）。

當哥尼流的僕人將近約帕時，彼得也看見了異象。他看見有一塊大布似的東西從天降下，載著地上各樣四足的走獸、昆蟲、並天上的飛鳥（十11～12），其中許多是不潔淨的，是猶太人律法所禁止食用的（參利十一章）。不過，在異象中，天上卻有聲音對彼得說：「宰了吃！」彼得在驚愕中提出抗議。但這個邀請的聲音一連3次的對他說：「上帝認為潔淨的，你不可當作污穢。」然後，大布就被收回天上去了（十15～16）。

因為這異象的指示明顯與猶太人的律法傳統互相抵觸，使**彼得感覺特別苦惱**。在舊約裏，食物的潔淨規條反映了上帝的聖潔，亦象徵以色列人是分別出來，歸給耶和華的聖潔子民，與那些因拜偶像和道德敗壞而成為不潔的外邦人不同（利十一44～47）。因此，食物潔淨規條的打破，就代表著以色列人和外邦人界線的泯滅。換言之，分別為聖的以色列人就如外邦人一樣的不潔，失去「歸耶和華為聖」的身分，那是審判的極限。對於彼得那樣的猶太人而言，這是極度危險的。然而，因著新的救恩時代已經來臨，以色列人和外邦人之間界線的泯滅不單不會使以色列人變成不潔，相反，外邦人卻可跟以色列人一樣，一同靠賴主耶穌基督的救贖而得潔淨，並齊齊成為上帝的子民。

彼得感到苦惱的情況，令我們想起先知以西結也曾同樣為不潔的食物而向上帝抗議（結四14）。

若上帝不但要求你放棄過往的一貫作風，更要你行所不願意的事，為要向某些人傳福音，你會有彼得的反應嗎？

對這異象的深意，我們不知道彼得如何意會過來，但當彼得順服聖靈的指示，應邀前赴哥尼流的家時，路加似乎要告訴我們：當彼得一踏入哥尼流的家，他見到那麼多人聚集，且謙卑渴望領受上帝的教導，他就立時明白過來，認定異象中所謂的「上帝認為潔淨的，你不可當作污穢」（十15），其實是指「不可以把任何人當作不潔淨或凡俗的」（十28）。在他隨後的講道中，他顯然再一次強調這點：「……現在我確實知道，上帝對所有的人都平等看待。只要是敬畏他、行為正直的人，無論屬哪一種族，他都喜歡。」（十34～35）留意在路加的筆下，彼得的講章非常強調福音的普世性：「36……萬人之主耶穌基督……43凡信他的，都可以藉着他的名蒙赦罪。」（十36、43）

佈道會的講員還未講完，已經有人決志信主！但路加不是採用這種現代人的表達方式，他是說：「聖靈降臨在所有領受信息的人身上」（十44）。聖靈這次出人意表的降臨的確叫在場的猶太信徒十分驚訝，而彼得在驚愕中則率先吩咐他們奉耶穌基督的名領受洗禮，接納他們為教會的一分子，更與他們同住了幾天（十47～48）。

2.3.2. 向耶路撒冷教會報告 （十一1～18）

哥尼流既不是第一位信主的外邦人，為何哥尼流信主的事件卻惹起那麼大的迴響呢？

割禮是一種割除包皮的宗教儀式；這禮儀是上帝與亞伯拉罕並他子孫立約的記號，後來成為以色列民族的印記（創十七9～14）。

問題當然不是在於「外邦人信主」，而是（信主的）外邦人與猶太基督徒之間的關係；正是這緣故，那些在耶路撒冷教會中較保守的信徒，就是「主張外邦人也必須**領受割禮**的人」（2節，《和合本》譯作「那些奉割禮的門徒」），對彼得的批評是：「你竟在沒有受割禮的外邦人家裏作客，甚至跟他們一起吃飯！」（3節）

若你教會的會友一直都以本地人為主，但卻忽然來了一羣新移民，你認為這對教會的生活會帶來哪些具體的影響？你會怎樣接待他們？

面對這點批評，彼得重述了整件事的始末，並總結這事的目的乃是要傳得救之道（14節）。彼得在其中特別引述耶穌對「聖靈的洗禮」的教導（16節），從而表明：上帝既將祂的靈賜給了外邦人，那麼，不單為他們施洗立即成了勢在必行的事（十47），上帝對他們的悅納更成為他們被接納為教會一分子的基礎。在這情況之下，受割禮或不受割禮不再那麼重要了，劃分猶太人與外邦人的「潔與不潔」的觀念亦不再適用了，兩羣人在基督裏同得潔淨，而彼此的社交生活自此亦應進入另一個新里程，這就為彼得跟沒有受割禮的外邦信徒同住多日提供了合法的理據（十48）。任何人若要攔阻這事，就等於攔阻聖靈的工作。

留意路加一再提及那6位與彼得同行、且見證聖靈降臨的約帕信徒（12節；另參十23、45，《和合本》譯作「奉割禮的信徒」）。基於對割禮等律法的執著，這6位約帕的信徒當然絕不會預期聖靈竟傾注在外邦人身上，因此，他們在場的見證，無疑是回應那些質問彼得的人(同是「奉割禮的門徒」，參《和合本》十一2)最有說服力的根據。

因著彼得的解說和6位「奉割禮的信徒」的見證，那些保守派基督徒似乎也軟化下來，終於願意承認：「上帝把因悔改而得生命的機會也賜給外邦人了！」(18節)

2.3.3. 安提阿的興起和耶路撒冷的逼迫 (十一19～十二24)

既然耶城的總會已經肯定了外邦人同樣蒙上帝的接納，又知道他們(以哥尼流為代表)所領受的「聖靈的洗禮」與一般猶太信徒所經歷的無異(十一15～17)，那麼，專注做外邦人事工的人就應馬上開工了。這正是路加的用意：當彼得向耶路撒冷教會報告之後，路加隨即告訴我們，安提阿的外邦人事工就在耶城教會的認同和支持下全面展開。於是，使徒行傳所記載的第一間外邦教會(即安提阿)也就緊接著第一個外邦家族(即哥尼流)的信主而建立起來。

雖然首個外邦教會在耶城教會的「監控」下得以順利開展，但這並未意味外邦信徒與猶太信徒之間的矛盾就此化解，相反，兩者在生活文化上仍存在相當大的差異。又因著安提阿教會的迅速發展與耶城教會所受的諸多逼迫形成鮮明的對比，就更埋下了兩地教會彼此對衡、此消彼長的伏線。

自司提反死後，有一些耶路撒冷的信徒因受逼迫，就逃到安提阿，並將福音帶給那裏的猶太人。一些從塞浦路斯等地而來的信徒更破天荒地向外邦人傳道(十一19～20)。耶路撒冷教會對外邦人信主的事非常關注，於是，就派了巴拿巴這位謹慎的領袖到安提阿展開跟進。藉著心胸廣闊和滿有遠見的巴拿巴的工作，有許多人信了主。巴拿巴更找了掃羅（即日後的保羅）來，足有整整一年的時間彼此同工。安提阿教會的發展頗令人振奮；正是在安提阿，「基督徒」這個新的稱呼開始流傳開來（十一26）。雖然這稱呼原帶有貶意，但在某程度上卻反映基督徒的身分得到教外人的注意和認識，漸漸與猶太教分別開來，不再相混。

福音在安提阿一直都是暢通無阻的，但在耶路撒冷卻處處受到逼迫，使徒行傳十二章就與十一章末形成了強烈的對比。

自教會成立以來，猶太教領袖一直都為教會的日益擴張而苦惱。但由於猶太教領袖權力有限，除了向教會成員裝腔作勢之外，就不能做甚麼了。但作為猶太人的王希律，他就有權柄做一些更嚴厲的事情。這位希律就是亞基帕一世（Herod Agrippa I），他是大希律的孫兒。

據使徒行傳十二章的記載，亞基帕為討好猶太人領袖，在迫害初成形的基督教會一事上，顯出相當的熱心，如把十二使徒之一的雅各處斬；他又監禁彼得，計劃在逾越節期間進行聲勢浩大的審判，要彼得好像他的老師耶穌一樣死在逾越節期間。然而，就在審判的前一夜，當彼得正熟睡之時，有天使前來神奇地把他帶走。

雅各和彼得都是遭希律迫害的教會領袖，然而，上帝卻只拯救了彼得，為甚麼？大概連路加自己也不能解答。在信仰生命中，我們不時會遇到這些問題，但我們應該相信上帝的公義和掌管。因此，路加並未就此放過這希律，到最後還要指出他作惡的收場：希律被羣眾稱許，如同神明（十二22），卻沒有把榮耀歸給上帝，因而當場被上帝的使者擊打（十二23），接著就患病而死（卒於公元44年）。透過希律的死，路加似乎要説明，對福音最重要的攔阻已經被上帝親手挪開了。自此，初代基督教會可望有突破性的拓展，這就正如使

徒行傳第三個大段落的結束語所揭示的：「上帝的道繼續擴展，日見興旺。」(十二24)

2.4. 揭起普世救恩擺脫猶太傳統的戰幔 (十二25～十六5)

在使徒行傳的結構裏，第四(十二25～十六5)和第五(十六6～二十八31)個段落主要是見證保羅如何大展拳腳，履行福音的使命。當中記述了3次獨立的宣教旅程和一次赴羅馬的旅程，每一個旅程都將福音帶到更遠的新地區，而每一次的邁進亦標誌著上帝國度擴展的新里程。保羅這段差不多達20年的傳道生涯並不平坦，當中至少遭遇兩次的監禁，更受到同胞的排斥和猶太人議會的迫害。

本段所涉及的內容是所謂的「第一次宣教旅程」。這是傳統的標稱，然而，使徒行傳從沒有告訴我們這是「第一次」或「第二次」、「第三次」；而保羅本人，在其書信中更連這些宣教旅程都沒有清楚提及。這並非説，這些宣教旅程都是使徒行傳的作者虛構出來，實際的情況可能是，路加把多次的短途旅程串連為1次的宣教旅程，並省略了其中的一些細節，於是，就歸納成這3次的旅程。這情況與福音書很相似，我們應該相信每卷福音書所記載的事迹都曾確實發生，但各福音書作者在勾畫每件事迹的細節時，卻可能會加以整合和編修。

「第一次」宣教旅程之所以重要，是基於它的成功惹來了保守派人士的關注，也引發在教會歷史上第一次的大公會議，而是次耶路撒冷會議所達成的共識和結果，就為整個初代教會的發展史奠定基礎。

2.4.1. 保羅第一次的宣教旅程 （十二25～十四26）

安提阿的地理位置，使其成為福音傳向亞細亞和希臘的基地。保羅3次宣教旅程都是從這裏出發的。安提阿是名副其實向外邦各區域傳教的樞紐，是孕育外邦基督徒的搖籃。在安提阿人路加的筆下，安提阿教會在福音推進外邦的歷史上顯然佔有相當獨特的地位。

安提阿教會在敬拜主、禁食的時候領受聖靈給他們的異象，你（或你的教會）有否這種經歷呢？試分享。

引發第一次宣教旅程的異象是這樣開始的：來自五湖四海的信徒聚集在安提阿教會，當他們在敬拜主、禁食的時候，聖靈（可能藉著先知）對他們說：「你們要為我指派巴拿巴和掃羅，去做我呼召他們來擔任的工作。」（十三2）於是他們禁食禱告，給巴拿巴和掃羅按手，就派遣他們出去，另有馬可同行，那年大概是公元46年。

總督（proconsul）是羅馬官級中相當高的職銜。

「以呂馬」是希臘文名字，意即「有能力的」，尤指行法術者的能力。

他們先前往巴拿巴的家鄉塞浦路斯（四36），又稱居比路，沿途在各會堂傳揚基督福音。到達帕弗時，羅馬**總督**士求．保羅想聽他們所傳的福音，但受到一名叫**以呂馬**（亞蘭文名字是「巴．耶穌」）的行法術者的阻撓；掃羅嚴責這名術士，主的懲罰立時臨到他，以致他暫時瞎眼，而士求．保羅亦因而歸信了主。

在路加的筆下，這事件的重要意義乃在於新的屬靈領袖得到了上帝的印證而顯露出來，自此，掃羅的角色可謂蓋過了巴拿巴，兩人的排名亦由之前以巴拿巴為首改為以掃羅為首（比較十三2、4與十三42、50）；而路加亦從此開始以掃羅那更為一般人所熟悉的拉丁文名字——保羅——來稱呼他。至於士求．保羅，他更可能是第一個無須先與會堂或猶太傳統有所接觸，而直接被接納為上帝子民的外邦信徒，這明顯是一個突破性的發展。

2.4.2. 伴隨著猶太人逼迫的宣教成果 (十三14～十四26)

之後，保羅和巴拿巴等從塞浦路斯繼續向北航行到亞細亞大陸。他們的傳福音策略是很清晰的：在到達一處地方之後，必**先到猶太人的會堂**傳道，及至猶太人抗拒福音時，他們便轉而向外邦人傳道。

這個做法反映保羅的民族情懷，亦在策略上有利於向外邦人傳福音，因為當時的猶太人會堂匯集了許多外邦的「虔誠人」，他們一般已歸信猶太教，只是未受割禮。不過，也正因為保羅直搗猶太教的大本營，根本地動搖猶太律法的優越地位，因而掀起了激烈的對抗。

保羅在彼西底的安提阿的經歷將會成為保羅日後傳道生涯經常出現的範例：

在猶太人會堂傳道
→很多外邦人信主
→猶太人的嫉妒和敵視
→保羅等人離開會堂
→更多外邦人信主
→來自猶太人的逼迫
→保羅逃跑

從一章到書末，使徒行傳一個相當重要和清晰的主題是，初代教會所面對的逼迫是來自猶太人的。雖然如此，保羅依然堅持猶太人在福音上的優先權。就是在書末，當保羅到達羅馬，在他飽受猶太人排斥和苦害超過20年的日子後，他還是念念不忘要將福音先傳給猶太同胞(二十八17～31)。

保羅對同胞的深情，是難以言喻的；你對你的同胞的負擔又有多重？你如何實踐你對他們的深情？

與在彼西底的安提阿的經歷一樣，保羅和巴拿巴在鄰近的以哥念和路司得經歷了同樣的歡迎和敵對。在路司得，保羅因醫好了一個跛腳的人而幾乎被外邦人奉為神明，但在猶太同胞中卻遭遇到愈益強橫的反抗(十三50，十四1～2、5、

外邦人愈是擁戴保羅，保羅就愈遭受同胞的迫害；事奉愈見成果，所面對的困難往往亦愈大。你是否有同感？你又可如何面對困難？

19)。外邦人對保羅和巴拿巴的推崇與同胞對他們的敵視在此形成了強烈的對比。

在總結第一次宣教旅程時，路加以扼要的話來概括保羅和巴拿巴述職的重點，並以此作為保羅宣教事工的合法基礎：上帝已經為外邦人開了信仰之門(十四27)。惟當上帝的確為外邦人開了信仰之門，這才使一切的宣教行動顯得有意義。

2.4.3. 耶路撒冷會議 (十四27～十五35)

過了一些日子，這個滿載宣教成果的安提阿教會卻要面對一個嚴重的挑戰：有些人從猶太地來到安提阿，眼見安提阿教會的人數愈來愈多，他們就在教會中教訓弟兄姊妹，強調外邦信徒必須接受割禮，並遵行摩西律法及相關的猶太人習俗，才能與猶太人一樣，成為上帝的子民。保羅和巴拿巴因而跟他們發生了劇烈的爭辯。

本書以十四章27節作為「耶路撒冷會議」這則事件的起始點，是要配合路加在整個段落上所展示的文學技巧；參《風起雲湧的初代教會——使徒行傳析讀》9.1內的「路加的文學技巧」。

為了平息是次衝突，教會就差派保羅、巴拿巴和當地教會的幾個人上耶路撒冷。這就觸發初代教會最重要的一次會議，於公元48/49年間舉行，一般稱為「**耶路撒冷會議**」(十五1～35)。這次會議討論的重點並非在於教會「應否」接納外邦信徒，而是「如何」接納他們；具體來說，就是要處理外邦信徒與猶太傳統的關係。

經過一輪激烈的辯論後(十五6～7)，彼得和雅各先後在會議上發言，先重提哥尼流事件(7～11節)，再引用舊約先知的話(摩九11～12)，強調在上帝的救贖計劃中，一直都包括外邦人在內。他們的立場可謂代表著當時耶路撒冷教會的官方立場。

結果，保羅和巴拿巴的工作得到肯定，外邦信徒無須背負猶太律法規條的重擔，但為免外邦信徒在不須靠猶太律法得救的大前提下而走上另一極端，以致他們的道德標準與不信的外邦人完全沒有分別，於是特別針對當時外邦社會習以為常的風俗而特別指示外邦信徒「不可吃因祭過偶像而不潔淨的食物，不可有淫亂的行為，不可吃勒死的牲畜和血」(十五20；另參十五29，二十一25；學者稱之為「**使徒諭令**」)。最後，耶路撒冷教會更致函安提阿教會，正式將大會的決定通知他們。這信函也就成為不行割禮的外邦信徒正式被接納為基督徒的根據，同時，亦為基督教會超越種族差異的合一性奠定基礎。

這「使徒諭令」的訂定主要是因為在舊約裏，這些都是罪大惡極的事，無論是以色列人或在以色列境內的外邦人，都必須禁戒(利十七10；民二十五章)。及至在新約，吃祭物和犯淫亂依然常被列為信徒的兩大罪行(啟二14、20)。

2.4.4. 保羅與巴拿巴分手 (十五36～41)

初代教會雖然避過了一次嚴重分裂的危機，但卻隨即面對另一次小型的分裂。耶路撒冷會議圓滿結束後，保羅和巴拿巴兩人本應雀躍地計劃下一次的宣教旅程，但卻因為馬可(37～38節；也可能因為發生在安提阿的衝突，參加二11～13)而發生了爭執，結果兩人不歡而散(39～40節)。

問題源於第一次的宣教旅程，當時馬可在旁非利亞突然折返耶路撒冷(十三13，十五38)。使徒行傳沒有具體説明原因，亦沒有清楚指出保羅和巴拿巴當時的反應(十三14)。不過，在字裏行間，我們或可覺察到一些致使馬可離開的原因。首先，我們要注意馬可離開宣教隊伍，是在士求·保羅信主後，亦即是路加轉用「保羅」這名字和採取「保羅和巴拿巴」這排名的交界(十三9)，其中意味的是巴拿巴和保羅兩人領導地位的易轉，保羅的角色自此顯然蓋過了巴拿巴。因此，我們不難想像，作為巴拿巴表弟的馬可，或多或少會對逐漸取代巴拿巴領導地位的保羅產生不滿、甚至不服。然而，更重要的衝突是，領導位置易轉所意味的宣教策略的改變：福音從此不再依附於猶太文化。對於偏於保守的馬可而言，這無疑是更難接受的。他在第一次宣教旅程中可能就曾為此而與保羅發生過爭執，於是在不愉快的情況下離開。

倘若你是馬可，當你面對保羅和巴拿巴兩人的爭持時，你的心在想甚麼呢？你又會如何向保羅自辯呢？

無論這些推測是否正確，在展開第二次宣教旅程之前，巴拿巴認為可以再給馬可第二次機會，但保羅卻不想冒這個險，他不惜與提攜他出身、並多年來與他並肩作戰的巴拿巴鬧翻，仍堅拒帶馬可同行。大家不妨想像一下當時保羅心裏的籌算：宣教事工因著猶太信徒的攻擊而幾乎中斷，經過一番劇烈的爭論後，好不容易才得到調解；按著保羅的抱負和熱誠，他必然想全力以赴，步向新的高峯。他明白到這並不是輕易的事，甚至從此會背上「忘本」的罪名，所以若有任何人（猶太人）在心理上、屬靈上、神學上或配搭上未完全預備好的話，保羅就寧願分道揚鑣，也不想徒增困擾，以致阻撓了上帝的工作。

究竟誰是誰非？路加沒有給我們清楚的提示——可能他自己也覺得難以判斷吧！但路加的筆觸並沒有停留在人的軟弱上，而是繼續揮寫上帝國度的發展。要分開的，始終都會分開，但上帝的工作卻不會因而停頓。結果，巴拿巴帶著馬可坐船往自己家鄉塞浦路斯去，如第一次一樣由水路出發，而保羅則帶著西拉，由陸路經自己家鄉大數北上。這一年大約是公元49/50年。

2.4.5. 保羅揀選提摩太 （十六1～5）

驟眼一看，保羅在路司得為一名父親是外邦人的信徒提摩太施行割禮的事(1～4節),似乎與他一貫反對割禮的論調自相矛盾。但其實,這事正好表明保羅所持見解的精闢。

按猶太人的血緣觀念,一個人的血統是源自母親而不是父親的,所以,儘管一位猶太婦人的丈夫是外邦人,但所生的仍然是猶太人。提摩太正是這樣的一位猶太人,因此,為提摩太施行割禮,基本上是一件猶太人履行自身傳統習慣的事情,與基督信仰無關。

倘若你是保羅,你會為提摩太施行割禮,把自己陷入另一個危機之中,給予別人(例如猶太主義者)攻擊自己的口實嗎?

保羅身為猶太人,不會反對猶太傳統文化上的禮節。然而,當猶太人執意將其文化傳統強加於外邦人身上,並作為得救的必須條件時,保羅則絕不能苟同,因為基督信仰是上帝給予全人類的最終啟示,並非猶太人的專利。

在初代教會,有些猶太基督徒往往會把一些原屬於人的文化與福音連繫一起。時至今天,教會是否又會把一些「基督教的傳統文化」與福音連繫一起呢?

使徒行傳的第四個段落結束於使徒行傳十六章4至5節,這個結語肯定了耶路撒冷會議決定的落實,信徒(尤其是外邦信徒)亦因為這些決定而「在信心方面得以堅固,人數也一天比一天多起來」。路加在交代保羅與巴拿巴分手的事(十五36～41)及引介保羅的新助手(十六1～3)後,才帶出這結語,明顯突出了以保羅為首的宣教旅程在初代教會的影響力。

2.5. 直至天涯海角 (十六6～二十八31)

在使徒行傳的最後一個分段,路加把我們帶到「天涯海角」(一8,《和合本》譯作「地極」)去,展示初代教會如何落實了大使命的指示。

這一段所涉及的範圍很廣,包括我們所熟悉的第二和第三次宣教旅程,以及保羅被押到羅馬的經過,歷時至少有10年,佔整本使徒行傳12章之多。在某程度上,我們可以說,之前所發生的一切都是這階段的前奏；就連之前一次的宣教旅程和剛剛過去的耶路撒冷會議，都是為這10多年的傳道事工鋪路。

2.5.1. 愛琴海地區宣教旅程 （十六6～二十一16）

保羅用了差不多8年時間穿梭於愛琴海一帶宣教，若上帝同樣要求你用8年時間離鄉別井為祂工作，你會怎樣回應祂？有哪方面的事情是你需要慎重考慮的呢？

愛琴海一帶是保羅傳教事工的中心地區（十六～二十章）。這個階段通常被稱為「第二和第三次宣教旅程」，兩次旅程的起點和終點都是安提阿。但在使徒行傳中，這兩次旅程之間其實並沒有明顯的間隔。整個過程圍繞愛琴海海岸，延續了大約8年的時間，在期間只簡短地插入一段造訪耶路撒冷和返回安提阿住了些日子的片段（十八22～23）。

保羅與西拉首先從陸路一一重訪在初次傳道旅程中所建立的教會，堅固他們（十五36、41）。探望過彼西底一帶地區的教會後，偕同提摩太，本來打算繼續前往亞細亞，目的地大概是亞細亞的首要城市以弗所，卻被聖靈（可能指先知的話）禁止（十六6）。於是，他們就改路北上，打算去庇推尼省的大城市，但同樣又被耶穌的靈禁止（十六7）。我們不知道當時發生了甚麼事，導致路加如此記載，但有一點是明顯的，在使徒行傳中，當新的宣教階段展開時，作者都十分強調聖靈的帶領（參八26，十9～16，十三1～4）。而這一次，更有異象（所謂「馬其頓異象」）印證上帝的心意，於是，保羅等一行人就立即乘船渡海進入歐洲，開始圍繞愛琴海的北部和西部巡迴傳道（十六～十七章）。

他們首先來到馬其頓區的主要城市腓立比，這城是羅馬的一個殖民地區和軍事基地，可謂是帝國首都羅馬的前哨站；而對保羅來說，由於它是福音進入歐洲的首個城市，所以亦仿如上帝國度降臨歐洲的前哨站。因為住在這城的猶太人較少，所以並沒有會堂，只有一些猶太人慣常聚集禱告的地方。而保羅等就在安息日去到河邊一個禱告的地方，對那裏的一些婦女講道。其中**有一位販賣紫色布疋，而又相當有地位的商人**呂底亞信了主，她和全家都接受了洗禮（十六12～15）。

在當時社會，紫色布疋是一種非常貴重的布料，只有富裕人家或非常尊貴的高官才穿著。

• 圖為位於腓立比廣場以西的克倫尼狄河（Krenides River），又稱為呂底亞溪。傳統認為這河的河邊就是保羅與腓立比婦女在安息日聚會的地方（十六13）。由於腓立比是羅馬的殖民區，猶太居民的數目大概不多，所以，經文並沒有提及會堂，會眾聚會只好靠近河邊，以便行潔淨禮。呂底亞很可能就在這河裏接受水禮。

之後，保羅從一名女奴身上趕出邪靈，使她失去占卜的能力（十六18），卻因而斷了女奴的主人們的財路，並惹起公憤和指控。結果，保羅和西拉雙雙被捕，更遭受鞭打和監禁（十六19～24）。不過，這反而造就了他們向一名獄卒和他全家傳福音的機會（十六31）。最後，保

• 圖為一座位於腓立比的希臘正教教堂，建於近代。這教堂是為紀念呂底亞的歸信和接受水禮而建成的（十六14～15）。教堂右旁是呂底亞溪，傳統認為是呂底亞接受水禮的地方。

羅和西拉的羅馬公民籍終使他們在腓立比的官長面前備受尊重，且得以公然離開。

離開腓立比之後，保羅到了帖撒羅尼迦（十七1～9），停留了約1個月，帶領了不少人信主。可惜當地的猶太人因嫉妒保羅傳福音的成功，就鼓動了一次搜捕使徒的暴亂，更控告使徒在凱撒（即羅馬皇帝）之外承認另一位的君王——耶穌（7節）。面對這突來的擾亂，保羅和西拉惟有在夜間倉卒離開帖城，逃往庇哩亞。相對於帖城的猶太人，庇哩亞會堂的人卻開明得多，他們熱心追求真道，因此，有很多人信主。然而，帖城的猶太人卻窮追不捨，特別前來搗亂。於是，只好由西拉和提摩太留守庇哩亞，保羅則被送往雅典去。

• 圖為古帖城廣場的遺迹(位於今天帖城市中心)。考古學家認為，這個建於公元2世紀的廣場，其實是在更早期的基礎上擴建而成的。圖中半圓形的地方是作公開聚會(如音樂會或朗誦等)之用；使徒行傳記載帖城的猶太人因嫉妒保羅而發起的暴亂(十七5)，可能就是發生在類似的地方。

在雅典四處周遊期間，由於雅典人喜歡辯論，保羅就曾與當地的哲學家展開了智慧的交鋒，其後更在亞略．巴古的議會上宣揚他的觀點(十七22～31)，最後卻因復活的信息(參林前十五章)而遭受希臘人的輕視。不過，也有些人表示有興趣繼續聽保羅的講論；有些人更成為信徒(十七34)。

保羅由雅典出發，到了亞該亞省的首府哥林多。一如既往，他先在猶太人會堂傳講福音，但當猶太人的反對勢力增加時，他便轉向外邦人(十八5～6)，住在提多．猶士都的家裏，並且可能在他家裏開始聚會。路加特別記載這人的家非常靠近會堂，可見保羅並沒有完全離開猶太人的社羣。正可能因為保羅仍有與猶太人接觸，會堂的主管基

• 圖為位於今天庇哩亞的會堂。會堂大門兩邊的壁畫分別畫上保羅在異象中聽到馬其頓的呼聲(圖左；十六9)和保羅在庇哩亞傳道的情景(圖右；十七10～15)。

利司布和他全家都信了主。然而，猶太人反對的行動愈趨激烈，他們更把保羅拉到亞該亞的總督迦流那裏受審(約公元51年)。但由於迦流對此不予理會，猶太人就轉向會堂的(新)主管所提尼洩憤(十八17)。這位所提尼大概就是與保羅聯名寫哥林多前書的那一位，他可能跟基利司布一樣，讓保羅在會堂傳講福音，並因而信主。

試比較保羅自力謀生的處境與今天受薪的傳道人的情況。若教會未有足夠經濟能力供養一位傳道人，你認為這位傳道人可以為生活的需要而兼職嗎？

保羅在哥林多逗留了年半至兩年的時間(大約是在公元50～52年的期間；參十八11、18)，期間他在極大的壓力和威嚇中作傳道的工。路加記載主耶穌如何在一個異象中鼓勵他、安慰他(十八9～10)。在這段期間，保羅曾以織帳棚的工作來維持他的傳道生活(十八2～3；另參林前四12)。

• 圖為著名的哥林多城亞波羅神廟，建於公元前6世紀。在保羅時期，這神廟仍作為人們聚會和崇拜之用。

因為工作的關係，保羅遇上了同業的**亞居拉和百基拉**，這對愛主的基督徒夫婦是屬於那批在羅馬王克勞第(《和合本》譯作「革老丢」)年間(約公元49年)被迫離開羅馬的猶太人。在與他們的交往中，保羅對羅馬教會的情況有更深切的了解，並因而加深了他前赴羅馬的負擔。

他們也是初代教會相當重要的領袖，保羅在他的書中經常提到他們的名字(參羅十六3；林前十六19；提後四19)。他們在以弗所期間，剛好遇到那滿有口才恩賜的亞歷山大人亞波羅，並在真道上指正了亞波羅的偏差(十八26)。

當保羅離開哥林多的時候，亞居拉和百基拉亦一路隨行至以弗所，並在該地留下來，作跟進牧養的工作，為保羅日後重訪以弗所鋪路。暫與亞居拉和百基拉辭別後，保羅隨即乘船去凱撒利亞，先探望耶路撒冷的教會，後再轉回安提阿。

使徒行傳並沒有很清晰界分傳統所謂的第二次和第三次傳道旅程。保羅從以弗所返回安提阿後，「住了一些日子才走」(十八23)，他走遍加拉太和弗呂家一帶地方堅固門徒，其後，就重臨以弗所(十九1)，並在那裏住了3年之久(二十31)，教導信徒(十九9～10)。在很大程度上，以弗所成為保羅這次傳道旅程的基地，並從這裏逐漸向其周邊的城市(如歌羅西和老底嘉等)擴展，至終更成為亞細亞省教會的中心。

保羅所面對的以弗所城雖不是一個荒蕪之城，但卻是一個福音的貧瘠區；因此，宣教工場不一定是落後、荒蕪的地方，乃是一個未聞福音的地方。你認為現今的世界有哪些繁榮的地區，是極需開拓的宣教工場？

在新約時代，以弗所因為其天然的巨型港口和優勝的地理位置，已經發展為地中海東部最大的商業城市之一。以弗所城的聲望，不僅在於它具有貿易和政治上的重要價值，更由於亞底米女神的主神廟正矗立在此城的中央，被公認為世界七大奇觀之一，因而成為朝聖的中心。以弗所的居民對羅馬皇帝的崇拜亦顯得相當熱中和投入。因此，保羅在以弗所的工作並不單是傳道和教導而已，更是一場屬靈的爭戰。

• 圖為發現於以弗所的亞底米女神像。以弗所居民敬奉很多神明，但其中以象徵豐產的亞底米女神最為普遍。圖中的神像有2.9米(9.5尺)高，於公元1世紀製造。

首先，路加特別提到連保羅用過的衣物也可以發揮治病趕鬼的功效(十九

11～12），這除突出保羅與彼得的相似之處外（參五12～16），更強調上帝藉著保羅所行的神蹟，見證了福音的能力。經文接著更提到一些愚昧的猶太人企圖奉保羅所傳的耶穌的名來趕鬼，結果反招來鬼魔附身。他們的愚昧不單襯托出保羅權柄的實在，更成為其他以弗所人的鑒戒，於是，人的生命徹底地改變過來，那些平素行邪術的人就把他們所讀的書籍當眾焚燒（十九19；參申十八10～14）。

這些平素行邪術的人信主後，把他們的書籍當眾焚燒，證明他們要完全脱離舊的生命；在你信主時，你如何脱離舊的生命呢？

正當邪靈的勢力在以弗所似乎節節敗退之際，一場更嚴峻的屬靈爭戰正在蓄勢待發。保羅向當地的外邦人傳福音非常成功，就連很多曾積極參與亞底米女神敬拜的人都歸信了基督，這無疑大大影響了那些靠製造和出售亞底米銀器而圖利的銀匠和商人。眼見財路將要斷絕，銀匠底米特就號召同業的人起來，周行全城，聲討保羅。以弗所全城一片混亂，保羅及其同工的生命陷入危險之中。類似的事情也曾發生在腓立比（十六16～24）。

保羅傳福音時，往往遭受猶太人的反對。今天的教會在傳福音時有否遭受反對？是哪一類的反對力量？

羅馬政府對於動亂事件向來都非常關注，假如當地官長不能維持治安，他們會被革職，而整個城也可能會實行軍法統治，令當地的居民失去公民權。有見及此，城裏的書記官竭力安撫民眾，亦因而間接維護了保羅。結果，騷亂終得平息，而保羅亦就此告別以弗所，前往馬其頓和希臘一帶，其後返回敘利亞，並上耶路撒冷。

• 圖為使徒約翰的墳墓遺址，位於以弗所城一座紀念約翰的教堂裏。

• 圖為位於以弗所城的路加墳墓的遺址。

在整個返回耶路撒冷的路程中，路加處處暗示一種危險和急趕的氣氛，先發現猶太人的埋伏（二十3），而保羅也顯得非常匆忙。儘管最後返回靠近以弗所的米利都，保羅明明想與以弗所教會道別（二十17），但卻忍著不在以弗所停留，免得耽擱時日，「他急着要趕到耶路撒冷，希望儘可能在五旬節前抵達」（二十16）。自保羅與以弗所眾長老道別後，那種危險的情況，更處處表露出來（二十一4、10～14）。就連路加，也要勸阻保羅上耶路撒冷去（二十一12），只是無法說服他，他們就只好說：「願主的旨意成就。」（二十一14）這番話不也就是耶穌在客西馬尼園禱告的話嗎？——「父親哪，若是你願意，就把這苦杯移去；然而，不要照我的意思，而是要成全你的旨意。」（路二十二42；另參約十二27）

路加描繪的這種危險而急切的氣氛，無疑將保羅那種勇於面對耶城猶太人指控的心情，與主耶穌上耶路撒冷面對十字架的心情對應起來；無論是主耶穌還是保羅，他們都可謂是「明知山有虎，偏向虎山行」。在路加的筆下，愈接近耶路撒冷，保羅的危險就愈趨明顯，而他亦愈顯得義無反顧。留意自二十一章1節開始至抵達耶路撒冷（二十一17），路加確實是一天一天地記載，為要帶出那種危急關頭的緊張氣氛。

2.5.2. 上訴到羅馬 (二十一17～二十八31)

保羅願意順服上帝而走上一條不歸路，若你身邊有同樣的人，你如何支持他的決定？

從耶路撒冷到羅馬這段旅程，可謂是保羅事奉生命最後的一程。任何閱讀過保羅這最後之旅的人都會同意，這個旅程是不必要的，歷史不一定是這樣發展的，保羅亦不一定要死在羅馬，他確實有很多機會避過此劫。就讓那些猶太人攻擊罷！保羅依然可以傳他的福音，建立上帝的教會，擴展上帝的國度。然而，他卻選擇了這條路，就如我們的主耶穌基督選上十字架的路一樣。約於公元57年，保羅最終抵達耶路撒冷。

保羅一心把來自外邦教會的捐款交付耶城教會的貧窮人(二十四17)。耶路撒冷教會的領袖(包括使徒們和耶穌的兄弟雅各)一方面為保羅過去多年的經歷和傳道成果感謝上帝，但另一方面，五旬節將近，在大節期中猶太人的民族主義和反外情緒特別高漲，他們更聽到很多對保羅不利的消息，如謠傳保羅教訓一切在外邦的猶太人離棄摩西律法和不給孩子行割禮等等。而且，那些仍然嚴守律法的猶太裔基督徒人多勢眾，所以他們實在為保羅此次來訪惴惴不安。於是，為了闢謠，他們特別敦促保羅偕同幾位猶太人進行了一個猶太人的潔淨禮和獻祭儀式(二十一20～24；另參二十四18)。不過，一些來自亞細亞省的猶太人因見保羅與一名外邦信徒在聖殿附近走過(二十一29)，就以為保羅竟膽敢帶外邦人進入聖殿，於是，就掀起一場騷動，而保羅差點兒就死在這場暴亂中(二十一27～31)。幸好，指揮官帶同軍隊及時趕到，將保羅拘捕帶走。在場的羣眾仍不斷呼喊：「殺掉他！」(二十一36)令人不禁回憶起，在20多年前的逾越節，這城的人也是這樣向我們的主耶穌喊叫。在這場騷亂中，保羅雖得到羅馬軍的營救，但同時亦被他們囚禁；以後幾年，這鎖鍊就一直陪伴著保羅。

在這次被捕期間的兩日之內，保羅的申述雖然並未能平息猶太人的怒氣，但至少議會中的法利賽人認為保羅是無罪的：「我們找不出這個人有任何錯處！」(二十三9)這話亦令人想起昔日彼拉多對主耶穌的判語(參路二十三13～16；約十八38)。

保羅返回耶路撒冷可能只有幾天(參二十四11)，但當中所經受的攻擊和苦頭也不少，保羅可算是心力交瘁。在這裏，路加記載，主在異象中安慰保羅：「你要有勇氣！你已經在耶路撒冷為我作了見證，你同樣必須在羅馬作見證。」(二十三11)這番話不單保證保羅必會成功地和安全地到達羅馬，亦指明這是主的差遣，他必須到羅馬去。這個異象確實如船錨般鎖定了餘下使徒行傳的方向：儘管多麼危險，又儘管有別的選擇，保羅還是要到羅馬去。

保羅在危難中得到他的外甥相救，這顯出上帝的保守。當你決意事奉上帝時，有沒有心理準備會面對危險？又有沒有十足信心，相信一切都在上帝的掌管之中？

保羅即時的危險就是面臨40多個埋伏著的「殺手」(二十三12～22)。幸好在保羅外甥的通報下，保羅被護送到凱撒利亞總督腓力斯那裏(二十三23～35)。腓力斯聆聽了保羅的案件(二十四1～23)，似乎也認同之前指揮官的結論(二十四22～24；另參二十三29)，但又不願得罪猶太人，於是他便不斷拖延。他足足「軟禁」了保羅兩年，直至他離任，仍沒有釋放保羅。

之後，波求．非斯都接替腓力斯，出任凱撒利亞總督(二十四27)。猶太人仍未放棄對保羅的指控，藉著新官到任的機會，重提舊事。雖然非斯都也認為保羅沒有犯甚麼大罪，只是一些宗教上的爭議(二十五18～19)，但為討好猶太人，他亦建議保羅赴耶城受審。保羅既堅持自己無罪(二十五8)，就憑他羅馬公民的身分上訴羅馬皇帝，還個清白。非斯都對此亦只好無奈地允許(二十五12)。

在押送保羅去羅馬之前，非斯都還想多聽一些人的意見。亞基帕王(希律．亞基帕二世)就是當時由羅馬皇帝尼祿王所特派(尼祿王和亞基帕王二人是好友)、專責猶太人事務的猶太人的王，適逢他和妹妹貝妮絲來訪凱撒利亞，自然成為非斯都咨詢的對象。結果，保羅就在亞基帕王面前重申他的成長背景、信仰傳統、得救見證、蒙召經歷、以及畢生所忠於的異象使命(二十六2～23)。保羅為信仰申辯的熱切儼如把這次申訴變成一個佈道會，並向非斯都和亞基帕等人呼召(二十六24～29)！

在這段輾轉受審的過程中，保羅確實有多次得釋放的機會。早於路加總結保羅在耶城的審訊時，他已藉法利賽人的口表明保羅的無罪(二十三9)；及至指揮官將保羅押送凱撒利亞時，亦清楚指明保羅並沒有該死的罪名(二十三29)。到了凱撒利亞，腓力斯和非斯都也不敢苟同猶太人對保羅的指控(二十四22～24，二十五18～19、25)；而最重要的是，代表著猶太官方立場的希律．亞基帕王，在詳細審問過保羅的案件後，總結一句：「……這個人並沒有犯甚麼該死或該囚禁的罪。……要是這個人沒有向皇上上訴，他早就被釋放了。」(二十六31～32)由此可見，路加確實要表明保羅是無辜的，然而，他卻定意要上訴於羅馬皇帝。

約公元59/60年秋，保羅連同其他囚犯一起被帶上一艘駛往羅馬的船隻，整個航程用了3個多月(二十八11)。在使徒行傳這次最後的航行中，保羅雖然是囚犯，卻因著他背後的上帝，成了危難中真正的領導者。路加藉著風暴、漂流、沉船等危機，把保羅描繪成真正的英雄。

幾經波折後，他們終於抵達羅馬，並隨即與當地的猶太人領袖會面(二十八17～28)。路加在這裏再一次清楚展現保羅傳福音的一貫原則：先是猶太人、後是外邦人，保羅一直都尊重猶太人在上帝救贖計劃中的優先位置。只是保羅愈是向猶太人傳福音，就似乎愈證明大部分猶太人的心眼是蒙蔽的，不然，他們就會悔改。路加在書末記述這事，確實令人難過，彷彿要説：初代教會向猶太人傳福音的工作將要告吹，因為是他們自己拒上帝於門外！

然而，路加並不以人對福音的拒絕為最後的結語。相反地，使徒行傳最後一句話是「他大膽地宣揚上帝國的信息，教導有關主耶穌基督的事，沒有受到甚麼阻礙」(二十八31)。這意味著福音的進程是藉著上帝忠心的僕人，帶著聖靈那種無堅不摧的能力，可以勝過一切人的拒絕和攔阻。保羅雖然幾經捆綁，但上帝的話卻不被捆綁。使徒行傳就在此匆匆了結，令人有點意猶未盡的感覺。不過，到此為止，藉著描述福音從耶路撒冷延伸至帝國之都羅馬的歷程，路加已成功地帶出一個象徵意義：基督信仰已經成功地被傳到外邦世界去。這並非説，福音沒有受到攔阻，只是這些攔阻——不管是外來的逼迫、或是猶太人的抗拒、甚至是保羅的去世——都不能阻止福音的廣傳。

路加堅信福音的傳開絕不因人的拒絕而遭攔阻。面對現今世代人心的剛硬，你是否仍堅持路加這信念，而將傳福音的棒子接過來？

溫習問題

1. 試根據六章1至4節，指出當時的教會在人際關係上出現了哪些複雜的情況？
2. 初代教會最初所選立的7位執事中，哪兩位在路加的記載裏顯得最突出？他們所持的使命有何不同？(參六8～15，七章，八4～8、26～40)
3. 在路加的鋪排下，司提反與腓利都可謂是保羅的先驅，何以見得？
4. 在使徒行傳中，腓利的角色有何重要性？
5. 為何哥尼流事件會惹起耶路撒冷教會那麼多的議論？(參十一1～4)
6. 耶路撒冷教會至終如何總結哥尼流事件的意義？(參十一18)
7. 試根據十一章19節至十二章的記載，比較安提阿教會與耶城教會的發展。有何原因促使兩地教會之間產生了張力？
8. 從保羅第一次宣教旅程(十二25～十四26)的策略，如何看出他對同胞的深情？
9. 在彼西底的安提阿的經歷成為保羅日後傳道生涯中一個怎樣的範例？(十三14～52)
10. 保羅為提摩太施行割禮的理據何在？(參十六1～3)此事表明保羅對遵行猶太律法的立場如何？
11. 保羅在腓立比宣教時因甚麼緣故而入獄？在這些處境裏，他的羅馬公民身分有甚麼用？(十六16～40)
12. 猶太人指控保羅的罪名是甚麼？透過連番的審訊和自辯，路加又如何表明保羅的無辜？(二十一27～二十六32)
13. 路加以二十八章31節作為全書的結束。你認為這一節經文如何回應耶穌在一章8節所頒布的大使命？

第三章

使徒行傳的主題

- 站在此消彼長轉捩點上的哥尼流
- 為普世救恩奠定基礎的耶路撒冷會議
- 相煎何太急：保羅與猶太教的對峙

3.1. 站在此消彼長轉捩點上的哥尼流 (十1～48)

哥尼流信主這事件到底有何特別？在五旬節的那天，不是早應有不少外邦的猶太教信徒信了主嗎（參二5～11、41）？在往迦薩路上信而受洗的太監也明顯是外邦人（參八26～38），路加為何要花幾乎兩章的經文來記載另一件外邦人歸主的事件呢？

在使徒行傳中，腓利的確是首位帶領外邦人（即那位太監）信主的初代信徒，但這事件的重要性卻不能與哥尼流信主的事相比。首先，較之於腓利，身為使徒之首的彼得在事件中的取向顯然更重要，彼得可謂名副其實地代表著初代教會的立場；而更獨特的是，哥尼流一家在接受洗禮之先，聖靈先傾注到他們身上，聖靈的傾注正正引證了他們領受洗禮的資格（47節）。這與門徒向來的觀念相反，因為一直以來，他們都以為只有猶太人（或他們眼中的「半個猶太人」，即撒馬利亞人）才配得上聖靈的恩賜；而聖靈的恩賜向來都只傾注在受洗者的身上，「先領洗、後受聖靈」是他們一直以來所經歷的次序。然而，這次聖靈卻出人意表地傾注於未受洗、亦未受割禮的外邦人身上；在猶太信徒看來，這確是非比尋常的事。

上帝藉著這件不尋常的事件，要彼得、以至當時的耶路撒冷初代教會領略甚麼？

我們在前面已經多次提及，當時的教會大體上仍是非常猶太化的。不單止基督教會被外界視為猶太教的一個分支，就連教會裏面的人，也有不少人有這個看法。如此，新入教會的外邦人如何融入當時主流的猶太人教會就成為非常重要的課題。猶太基督徒與外邦基督徒之間明顯存在兩方面的張力：一是在生活上，猶太基督徒與外邦基督徒如何破除「潔與不潔」的分野而共處無間？二是在信仰上，外邦人是否要先滿足猶太律法才可成為基督徒？猶太人世世代代所恪守的猶太律法與外邦基督徒的關係又如何？

哥尼流事件意味著耶路撒冷教會朝向「把福音傳到天涯海角」這目標邁進一大步。從這個角度來看，這事件可謂是使徒行傳的一個里程碑，亦處理了上面所提及的兩方面張力。上帝使用哥尼流事件，使彼得和初代教會明白，外邦人悔改而歸信基督已蒙上帝接納，他們並不需要履行猶太社會的習俗(以割禮為首要標記)，且能在同得潔淨的基礎上與猶太信徒彼此相交。在路加的筆下，因著初代耶路撒冷(猶太人)教會的「元老」彼得的親身經歷和見證，這事實際上代表著耶路撒冷整體猶太人教會的認同。

當你固有的信念遇到衝擊之時，你能否像彼得一樣，願意開放自己，順從上帝的心意？

此外，哥尼流事件也標誌著猶太教會與外邦教會此消彼長的轉捩點。因著這次聖靈的傾注，猶太與外邦基督徒之間的張力得到化解的基礎，於是，在耶城總會的支持下，外邦人事工在安提阿的發展可謂如日方中，相對之下，耶路撒冷教會卻仍在逼迫中掙扎。自十三章以後，使徒行傳的敍事焦點更明顯由耶路撒冷轉移至安提阿，透過耶路撒冷的猶太教會漸次淡化、安提阿的外邦教會迅速發展，路加逐步展示出福音推展萬邦的趨勢。而哥尼流事件，正是造就這趨勢的關鍵。

更值得留意的是，自哥尼流事件之後，彼得在使徒行傳敍述中的主導性地位亦開始淡化；路加似乎要表示，彼得最具代表性的使命就在此完成了。取而代之的是外邦人的使徒保羅。及至十五章的耶路撒冷大會上，彼得的主導地位之所以再次被突顯，也是為要重述哥尼流信主一事，證明上帝接納外邦人的心意。由此可見，猶太教會與外邦教會的消長更替、猶太人使徒彼得與外邦人使徒保羅的興衰轉接，都可謂肇因於哥尼流事件，所以，若謂哥尼流事件是使徒行傳的一道分水嶺，亦不為過。

3.2. 為普世救恩奠定基礎的耶路撒冷會議 (十四27～十五35)

初代耶路撒冷教會的領袖所面對的一個難題，就是悔改歸主的外邦基督徒是否必須遵守猶太律法。

> 你信主後，有否經歷教會或身邊的信徒向你作出某些要求，是聖經沒有提到的呢？

保羅和巴拿巴第一次宣教旅程的成功引起了初代教會中較保守的猶太信徒的關注，他們堅持信主的外邦人必須受割禮，就如猶太人一樣，他們仍以割禮為所有基督徒的標誌。換言之，外邦人就必須先歸化猶太民族，成為「猶太教徒」，才可成為「基督徒」；而基督教也就被納入猶太教之內了。

這些較保守的猶太信徒大概來自耶路撒冷（或猶太地區），我們有時稱他們為「猶太主義者」（Judaizers），這並非說他們要把初代基督教會「猶太化」（事實上，原初的基督教會本來就是猶太化的），而是要把初代的基督教會保持在「猶太化」的框框之下。

割禮與猶太人

割禮是上帝與亞伯拉罕並他子孫立約的記號，亦是歸化以色列的條件之一（參創十七23，三十四14～22）。在舊約歷史裏，在以色列人和外邦人的關係上，「割禮」並非一個受爭議的課題。這可能是因為以色列的鄰邦如埃及、亞捫、摩押、以東等大都奉行割禮；此外，大部分以色列人的問題似乎不是對外邦人的拒絕，而是太喜歡外邦的文化宗教，常常墮入被外邦同化的險境！因此，律法和先知書的一個主題，就是呼籲以色列保持她的聖潔，不要隨從外邦的風俗。

然而，為何在新約時代，割禮、以至對外邦人的接納卻成為了重點的問題呢？要明白這個轉變，我們需要了解兩約之間的歷史發展，特別是那在猶太歷史上（公元前2世紀）產生了無與倫比的影響的馬加比革命。

這革命的興起主要為抗衡當時西流古王安提阿古四世所提倡的希臘化運動(hellenization)。在當時的巴勒斯坦和亞細亞一帶，希臘文化已經是非常盛行，而很多猶太人亦深受希臘文化的影響。有些猶太人更在耶路撒冷興建體育館，仿照希臘人一樣赤身露體地競技。因為希臘人認為割禮是自殘肢體，乃蠻夷所為，不少猶太人為免受嘲弄，甚至在生殖器動了「整容」的手術，使別人看不出自己曾受割禮(《馬加比一書》1.15；參林前七18)！因此，不少敬虔的衛道之士(大概就是法利賽人的前身)挺身而出，呼籲猶太人嚴守律法，抗衡希臘文化的潮流。

然而，安提阿古所推動的希臘化運動，是要透過消滅猶太人的宗教，徹底同化他們，於是便進行一連串嚴酷的宗教迫害，特別針對那些依然緊守割禮的人。然而，逼迫愈大，反抗愈大；在這情況下，行割禮與否已遠遠超出了宗教儀式的範疇，而成為了一個猶太人是否忠於耶和華和忠於民族的試金石。同時，如此的國仇家恨也使一般猶太人對沒受割禮的外邦人的態度急轉直下，變得懷疑、拒絕和不友善。

因馬加比革命而產生的哈斯摩尼阿王朝雖然維持了不夠100年，但由這革命所孕育的民族主義情緒卻是長遠的，且根深蒂固地根植在猶太人的心中。在這個情況之下，割禮也成了猶太人敬虔的主要標誌和忠心愛國的不二保證。

若這些猶太主義信徒的主張得到公認的話，外邦人信主的數目自然會大大減少，因為以當時希臘文化的角度看來，割禮是把原來無瑕的身體加以毀傷的做法，更何況那是男性的生殖器官！肯定是不可能被外邦人受落的；如此，基督教會很可能就會分裂為猶太式和外邦式兩派。更嚴重的是，在神學的含意上，整個福音就被征服在摩西律法之下，而對於外邦人而言，得救與否再非單靠耶穌的救贖而已，而是必須輔以律法的條文和人為的記號。

然則，保羅的福音使命是否可以如他所願的推進於外邦？外邦教會與猶太人教會能否在基督裏合一而不致分裂？耶穌基督為普世所成就的救恩能否擺脱猶太傳統的牽制？一切全在乎這次耶路撒冷會議的定案。

因此，耶路撒冷會議是舉足輕重的。在使徒行傳中，作者要藉著這次會議的定案奠定保羅向外邦人傳福音的合法基礎；而在保羅的神學思想的發展中，這次會議亦肯定了他對福音和普世救恩的理解。如果基督教僅僅是上帝對「猶太人」應許的實現，那麼，所有基督徒就理當遵守「猶太律法和割禮」。但是，如果耶穌是為修好「所有人」與上帝的關係而獻上自己作為贖罪的代價，那麼，對於非猶太人而言，割禮就明顯不適用了。

你可想想，倘若這會議未能達成共識，教會歷史的發展會如何？今天的我們還會有機會接受福音嗎？即使有，我們的信仰生活模式又會如何？

結果，這次決議可謂是一個劃時代的定案，耶路撒冷教會肯定了保羅的看法，使關乎普世救恩的福音從猶太人律法體系中得以釋放出來，保羅可以無後顧之憂地繼續他的宣教工作，對初代教會的發展產生了無與倫比的影響。由此，基督教才得以在外邦人中間廣泛傳揚，並成為全人類的信仰，一直到今天，依然如此。

3.3. 相煎何太急：保羅與猶太教的對峙

(二十一17～二十八31)

從路加剪裁的角度來看，描述福音推展至天涯海角的歷程共佔了12章多的篇幅（十六～二十八章），但其中接近8章（二十一17～二十八31）卻集中記述保羅受審和上訴羅馬的事件，其間，保羅與猶太教之間的矛盾和死結更愈益突顯出來，這明顯是路加鋪排這最後一個分段、以致收結整卷使徒行傳的焦點所在。到底保羅與猶太教的爭持對峙對福音推展至天涯海角有甚麼深遠的影響？

3.3.1. 保羅對猶太教的挑戰

回顧整卷使徒行傳，那些嚴守摩西律法的猶太人對保羅那種窮追不捨的迫害，可謂一直與保羅的宣教旅程如影相隨，他們始終不肯放過保羅。保羅對此一直顯得忍讓，一面捱打，一面移往他處繼續傳道，宣教足迹愈迫愈遠；然而，就在宣教旅程直趨西歐之際，保羅卻要堅持先返回耶路撒冷，及後更因被猶太人控訴而要上訴於羅馬皇帝，與猶太人、以至猶太教領袖形成互不相容的對峙局面。在使徒行傳的記述中，猶太人的迫害可謂是見怪不怪的，相對而言，保羅要求上訴，據理力爭，卻顯得並不尋常。

自從在耶路撒冷被捕後，保羅接受過多次的審訊，而審訊的結果都是一樣：保羅**是無辜的**，可以被釋放的。保羅確實可以忍辱負重(正如他向來一樣)，能得釋放一時，就得一時，繼續傳道要緊，然而，為何他卻刻意要上訴於羅馬皇帝？是保羅自討苦吃？是他一時意氣的執著，要在凱撒面前反咬猶太人一口？還是更有別的籌算？無論如何，路加要暗示的是，上訴羅馬是保羅主動的意願，他不是全然被動的一方。

保羅在宣教旅程中也曾多次被捕，例如在哥林多(十八12～17)和在以弗所(十九35～40)，而在當中，路加亦常強調保羅的清白。

3.3.2. 保羅對猶太教的情義

在開展宣教之旅的同時，保羅不避艱險，仍要竭力與耶路撒冷的教會保持聯繫，不單在接濟耶城信徒的事上表明血濃於水的情義(二十四17；另參十一27～30)，更要保持在耶城教會的支持和認可下繼續發展宣教事工(二十一18～19)。由此可見，在保羅的心目中，救恩是**源於猶太人的**。所以，

基督的福音不一定與猶太教互相抗衡，相反，福音乃是猶太教的真正出路，使上帝拯救以色列人的計劃得以成全。

綜觀使徒行傳的保羅的宣教足迹，他必先往猶太會堂傳道，直至遭拒後才轉往外邦人，他一生傳福音都堅持「先是猶太人，而後外邦人」(羅一16)的次序，他衷心地期望猶太同胞先接受主的救恩，好成為外邦人的光，將這福音傳遍天下。

但可惜，猶太人的心硬卻往往使保羅的堅持成為激化衝突的導火線。保羅堅持先到猶太人的會堂傳福音，又堅持要重返耶城，但結果卻只是激起猶太人一次比一次強烈的抗拒。面對如此抗拒，保羅一面轉往外邦人，一面退避他處，繼續堅持傳道，從容面對被捕、被審、被囚的境遇。然而，在這被捕、被審、被囚的歷程中，路加多番顯示保羅的無辜：一方面，他根本沒有冒犯羅馬皇帝或危害羅馬的管治(二十五8、18～19)；另方面，保羅的自辯始終強調他沒有褻瀆聖殿和破壞摩西的律法(二十四14，二十五8)。透過這控辯過程的詳細鋪陳，路加帶出了兩方面的效果：

1. 基督信仰的初段歷史可謂是舉步維艱的。它的創立者——我們的主耶穌基督——被羅馬政府處死，而到處都有干擾和誣蔑「拿撒勒教派」的事情發生(二十四5～6，二十八22)。我們不難想像，當時一般教外人士會很自然地覺得基督徒是一個違法生亂的團體，威脅著羅馬社會的穩定和安全。所以，早在福音書中，路加已極力堅稱耶穌在羅馬法律上是**清白無辜的**；而藉著使徒行傳，尤其是透過保羅的審訊和上訴的歷程，路加也要向外邦人——特別是那些思想開放、對基督教的歷史起源感興趣的人——申述耶穌和他的跟從者在宗教上的虔誠、道德上的純潔和政治上的清白。

例如路加記載彼拉多一而再、再而三地公開向羣眾表明他查不出耶穌有甚麼罪狀(路二十三4、14、22)；此外，路加又藉著軍官宣告耶穌真是一個義人——意指耶穌是個正直的好人(路二十三47)。

2. 猶太人之所以誣陷保羅褻瀆聖殿和破壞摩西的律法，乃由於他相信耶穌復活(二十三6，二十四15、21，二十五19，二十六22～23)

和將這超越摩西律法的福音傳給外邦人(二十二21～23)。然而,透過保羅的自辯,路加著意表明的是:基督信仰雖然根植於猶太教,但至終卻要突破傳統猶太教狹隘的排外心態,成為一個面向世人的普世性宗教信仰,因為「上帝把因悔改而得生命的機會也賜給外邦人了」(十一18)。

3.3.3. 保羅與猶太教分道揚鑣

保羅對猶太教雖有源於同根的情義,但面對福音遍傳的使命,保羅卻絕不肯屈從於猶太教之下,因而導致彼此爭持對峙的局面,甚至要對簿公堂。在路加的筆下,這件經年的訴訟始終沒有定案,即使上訴至羅馬,仍是**不了了之似的**,要反對的猶太人繼續反對,要傳福音的保羅繼續傳福音(二十八24～31)。然而,透過這段控辯的過程,路加將猶太人的固執、保羅的情義和羅馬官員的同情刻畫入微,成功地呈現出一個面向普世、又為普世所受落的福音。自此,保羅、並那開向普世的福音就以全速前進,而猶太教卻拋落在後,彼此分道揚鑣。雖然這肯定不是保羅所想見的,但歷史卻無奈如此。

路加不交代結果,似乎意味這次訴訟的勝負並不太重要,反正保羅已抵羅馬,更重要的是傳道繼續,不受阻礙(二十八31)。

雖然路加沒有交代這次訴訟的最終結果,但我們不妨想想,主動提出上訴的保羅心中有否勝算?也許這問題純屬猜測,我們永遠無從確知保羅的心意,不過,這問題可讓我們思考到保羅兩方面的心境:

❶ 視死如歸的保羅

首先,路加筆下的保羅無疑是視死如歸的,一己的勝訴敗訴並不是他所介懷的,反正,他由始至終已認定「在各城市聖靈都指示我,有監獄和災難等著我。但是,我並不珍惜自己的性命」,他所看重的是「完成我的使命，成就主耶穌交給我的工作，就是見證上帝恩典的福音」(二十23～24)。所以從保羅個人的角度而言，我們可以說，他上訴，並不代表他勝券在握(雖然他也自覺清白無辜)，相反，他是冒死前去的，只因他不肯將福音屈從於猶太傳統之下；只因他要將福音推進於外邦更遠更闊之地。

「學生不高過老師，奴僕不高過主人。因此，學生遭遇跟老師一樣，奴僕的遭遇跟主人一樣，也該滿足了。」(太十24～25；另參約十三15～17)

在這裏，我們看見保羅與主耶穌相似的形像：嚴守摩西律法的猶太人以及猶太教領袖對保羅那種窮追不捨的迫害，並保羅那種視死如歸的精神，的確與昔日猶太教領袖對主耶穌的痛恨和耶穌那種甘心為世人的罪背起十架的意決十分雷同。兩者相映並非巧合，展現出主耶穌基督和其僕人門徒的相類遭遇。透過這相類的遭遇，不單表明保羅學效主的心志，更表明**主僕師徒所傳的福音乃是一脈相承的**。

❷ 闖出天地的保羅

事實上，保羅向來所力傳的那個漸漸擺脱猶太教規範的普世性福音，不是源自保羅，真正的源頭乃是耶穌基督自己。若我們回顧同樣經受猶太人迫害、逮捕和審訊的主耶穌和司提反，不難發現，在路加的鋪排下，猶太人對主耶穌、司提反、以至保羅的指控基本上是如出一轍的，都是與反對聖殿和摩西的律法有關(六13～14，二十一28；可十四58)。面對猶太人的誣告，司提反誠然步主耶穌捨身的後塵；但保羅卻在同樣的迫害中闖出了另一條出路：他居然轉被動為主動，堅持上訴於羅馬皇帝！

留意保羅不止一次在緊急關頭表露他的羅馬公民身分(十六37～39，二十一39，二十二25)，並因而獲得羅馬官長的善待和免於懲處(二十二29，二十三27)。

從某個角度而言，保羅一次又一次逃過猶太人的陰謀和公審，似乎比主耶穌和司提反更「幸運」，這「幸運」多少基於他所擁有的**羅馬公民權**。因著這公民權的保障，保羅能不亢不卑、有尊嚴地繼續傳道；最後，面對企圖討好猶太人的非斯都，他更能理直氣壯地要求上訴於羅馬皇帝（二十五9～11）。可見保羅確實善用他所有的條件。猶太人的迫害愈烈，卻使保羅愈盡用所有的一切（包括他所帶著的鎖鏈），與之周旋到底，而上訴羅馬的意決更可謂將他個人所陷的危機轉化為拓展福音的契機，將福音推進更遠的地方，闖出一條更開闊的宣教大道。

然則，對於這次上訴，保羅有否勝訴的把握？若我們從福音推展普世的角度而言，保羅應該有把握勝訴的，他有把握，不是對自己，而是對福音，因為他深信福音是要面向普世、又為普世所受落的。因此，藉著上訴於羅馬皇帝，保羅不單將普世救恩與猶太傳統爭持的個案帶入世界級的殿堂，公諸於世，更期望獲得勝訴；那麼，福音就更可合法公然地廣傳普世，不受攔阻。此間令人感到意外的是，猶太教領袖倚仗外邦政權的勢力將主耶穌害死；而保羅在同樣的威脅下，竟運用外邦政權所賦予他的空間，成功地牽制猶太人的迫害，終為福音闖出一番天地來。

溫習問題

1. 哥尼流事件對「把福音傳到天涯海角」的使命有何深遠影響？
2. 何以說哥尼流事件可謂是使徒行傳的一道分水嶺？
3. 在怎樣的情況下，保羅才將福音的對象由猶太人轉移至外邦人？
4. 耶路撒冷會議中有甚麼重大的議決？（十四27～十五35）這對保羅有何特別意義。
5. 試簡單討論割禮對猶太人的意義。
6. 所謂「猶太主義者」在初代基督教會裏有何主張和目的？
7. 何以見得上訴羅馬是保羅主動的意願？
8. 為何保羅在開展普世宣教事工的同時，卻處處不避艱險，必將福音先傳給猶太同胞，且竭力與耶路撒冷的教會保持聯繫？
9. 透過保羅的審訊和上訴的歷程，路加多次重申保羅在羅馬法律上的清白無辜，到底有何用意？
10. 透過保羅的自辯，路加著意表明保羅並沒有褻瀆聖殿和破壞摩西律法（問題的癥結只在於他相信耶穌復活和將這超越摩西律法的福音傳給外邦人），他的用意何在？
11. 路加在書末再次記載保羅向猶太人傳福音且不歡而散的事（二十八23～29），這意味甚麼？
12. 在路加的刻畫下，同樣面對猶太人敵視的保羅和主耶穌，有何異同之妙？

第二部分

保羅書信

第四章

保羅書信總覽

- 作者問題
- 書信體裁
- 書信的用途
- 書信的格式
- 保羅書信的次序

保羅書信佔了新約聖經大概四分之一的篇幅，且是新約文獻裏最早期的作品。不單如此，這13封書信對基督徒信仰和生活的影響，無論就內容的廣度和深度來説，都是無可比擬的。

使徒行傳關注的是宏觀的教會發展，雖然有時也會提到一些教會的問題和重要教義的爭論，但整體來説，它沒有詳細闡明教義與生活的關係，也很少論及信徒在個人和教會生活上所面對的壓力、試探和掙扎。保羅書信正好補充了這方面的不足，提供了一個較微觀的教會生活的描述。然而，從另一個角度來看，使徒行傳較為宏觀的背景也能幫助我們了解保羅書信的信息。保羅書信是「處境」的寫作，是應當時個別教會處境的需要而寫的，且書信內容也受保羅個人處境所影響，如果我們忽略了這些處境，解釋時就很容易流於望文生義，產生偏差。使徒行傳剛好為我們提供了一個歷史架構，使我們更明白保羅書信的處境，從而更能掌握每封書信的獨特信息，且對保羅的神學觀念亦可有更具歷史深度的認識，畢竟，神學思想的奠定鮮有憑空臆度而成的。

4.1. 作者問題

現代書籍都會清楚列出作者是誰，但古代書籍卻往往沒有標明作者姓名，所以作者問題是研究古代典籍一個常見的難題。然而，這裏所討論的13卷保羅書信均沒有這個困難，皆因在每卷書信開端的問候語中，作者都會將自己的名字標明，這亦是當時信函的一貫格式；在教會歷史裏，很少人質疑過這些書信的作者問題。

但到了19世紀，隨著現代聖經研究學術的興起，有些學者基於這些「保羅書信」的風格並不一致，而其中一些內容又似乎反映較後期的教會狀況，不可能出自保羅的手筆，於是，就開始對部分「保羅書信」的作者問題提出質疑。其中最備受爭議的是稱為「教牧書信」的提摩太前、後書和提多書3卷，這3卷書信的用詞和表達方式均與保羅早期的主要書信（如羅馬書和哥林多書信）有別，而它們所反映的教會在組織上亦較為成熟健全。因此，有學者認為那是較後期的作品，很可能是在保羅死後，由他的門徒按他的教訓、以他的名義輯錄成書；換言之，這些書信也就是**託名的作品**。簡單來説，我們斷不能用今天的版權法觀念來評論昔日的情況。使徒（包括保羅）的名字代表著啟示、教導和傳統的某些權威，而「著書者」假託某位使徒之名來寫作，可能是要表明該著書者所屬的傳統。

有關「託名作品」的道德問題，讀者可參閱本叢書《聖經鳥瞰——進深篇》第二章「甚麼是原稿？」。

雖然學者質疑「教牧書信」出於保羅之手的理據頗為充分，但要加以辯駁，亦未嘗不可。一個人的寫作風格當然可能會隨著歲月而改變，而用詞也會受到課題所限制。此外，在保羅的時代，不同地區的教會發展不一，我們很難説甚麼是合理、甚麼是不合理的發展進度。

此外，一般託名作品的寫作年期通常都會與所託的著名人物距離一段頗長的年日，不過，保羅書信（以至新約其他書卷）的情況卻有點例外。部分「保羅書信」即使真的是託名之作，其寫作年期也不會太遲，最遲也不過是在保羅死後10至20年間左右成書，那麼，我們必須要問，既然教會的組織可以在這10多年間有如此成熟的發展，若謂在保羅生前已達到如此地步，也不是絕無可能。再者，對於年期如此接近的託名作品，為甚麼早期教父完全沒有提及真正的作者？況且，**對於冒使徒之名的書信，初期教會向來都不會草率接受的，而拒絕接受的態度更可謂是相當堅決，毫不含糊的**，甚至連保羅自己似乎也要防備這些冒名的書信（帖後二2）。這或許可以解釋保羅為甚麼常常

早期教父特土良提及一位在亞細亞的長老為要增加保羅的聲望，就冒充保羅杜撰了一封書信。當真相大白時，雖然那位長老辯稱那是基於愛護保羅之故，但他的職位終被教會罷免。

在其書信中強調自己親筆的署名（林前十六21；加六11；西四18；帖後三17）。

因此，本書的出發點還是以保羅為這13封書信的作者。縱然在理論上我們不能完全排除託名寫作的可能性，但我們所有的證據均顯示，這「保羅的13封信」的觀念確是初代教會的信徒所共同認受的觀念。這13封書信的正典地位和作為上帝話語啟示的權威性也是無容置疑的。

在這個基礎之上，我們認為這13封書信都是在保羅一生中最後的15至17年內寫成的（約公元50/52～67年）。收信的羣體往往成了該書的書名。

保羅書信的代筆人

在希羅社會，不是人人皆曉得書寫或寫得一手好字；此外，文房用品昂貴，蒲草紙有時又凹凸不平，所以許多作者都會僱用專職的代筆人，務求以最少的筆墨紙張寫出公整的文件。保羅也經常請代筆人幫助他寫信。在羅馬書結尾，代筆的德提加上他自己的問安（十六22）。在書信中，保羅亦不時提到他「親筆」（加六11；帖後三17）或「親手」（林前十六21）所寫的字，似乎意味其他大部分的篇章都是由別人代筆的。保羅在書信結尾的親筆問安，也許是跟隨一般的習慣，使信函生效或證明該信的真實性。

代筆人寫信時享有的自由度，很在乎他與作者的關係和書信的目的。代筆人所享有的自由度似乎可以解釋一些風格和措辭上的差異問題，不過，這些差異也可能基於其他因素（如處境或目的的不同）所致。無論如何，當信函經保羅過目和署名後，就成了他的作品，也帶有他的權威。

4.2. 書信體裁

不少學者把古代的信件區分為「信函」（letter）和「書信」（epistle）兩類：「信函」乃非文學性的應用文體，作者針對某些具體需要，寫信給某個特定對象(個人或羣體),涉及的內容往往較為私人的;而「書信」則採用文學上書信體的形式,以較為廣泛和公開的受眾為其寫作對象,亦即是近乎專文。保羅的信較接近「信函」一類,因為它們都是處境的寫作,大多是因應某特定羣體的即時之需而寫成的獨立作品(羅馬書則是一個顯著的例外,因為這書是保羅以半論文形式寫給與他素未謀面的羅馬教會的)。相比之下,有些新約書信如希伯來書和雅各書顯然更近於「書信」一類,甚至可謂是借書信體裁來闡述個人觀點的議論文。

雖然保羅大概不會有時間或興趣像當時一些文人哲士一樣咬文嚼字地撰寫論文,但他書信的緊密結構和文學修辭技巧卻是不容忽視的。更重要的是,保羅是自覺地以使徒身分來寫這些書信,因此,他的信不單帶有權威,也帶有被傳閱和公開誦讀的期望,即使是較私人的信函也不例外(如腓利門書,參門2節)。此外,保羅書信的平均長度(約1300字)亦遠超過當時一般的信函(約300字以下)。事實上,保羅的信可謂是私人信函和文學書信的獨特揉合。為免稱呼上的混淆,本書均以「保羅的書信」為一統稱,而不用「保羅的信函」之稱。

4.3. 書信的用途

書信當然不是由保羅發明的,但毫無疑問,保羅確為日後的基督教文學開拓了一種嶄新的書寫表達方式。書信的基本精神就是要代表寫信人親身說話;從語言功能的角度來看,書信的功能主要有3類,而一封信可能同時包括多種功能:

1. 第一類是為即時的需要而寫的,目的是要維持寫信人和收信人的關係,就如今天朋友或親人之間的通信一樣。腓立比書可謂是最能代表這類別的書信，書中一個主要的目的就是要答謝腓立比教會的餽贈。其他的例子如提摩太後書。

2 第二類是較資訊性的，寫信人為收信人提供一些資訊，包括問題解答、咨詢(單方面的)和指引等。在很大程度上，哥林多前書可以歸入這類。

3 第三類是公函，例如律法條文或政府對人民公布的消息，目的是要提供正式和永久性的記錄。對於今天的讀者來説，羅馬書(甚至是以弗所書)可能是這類信函最好的代表，雖然這可能並非保羅的原意。

在現代社會，隨著電子傳送資訊的普及化，首兩種功能已經逐漸被電子郵件所取代，但公函性的書信依然是以紙張為主。

昔日的保羅以書信牧養信徒，與他們建立關係。你認為今天的牧者又可以怎樣利用現代的資訊科技來牧養信徒，與他們建立關係？

在今天郵遞發達的世界，我們很容易會以為保羅寫信給各地的教會是很尋常的事，但事實卻不然。雖然現存的保羅書信不等於他所寫的全數(例如哥林多後書二章3至4節清楚顯示，保羅在寫哥林多前書和後書之間確曾寫了另一封信給哥林多教會)，但值得注意的是，我們並沒有(或教會並沒有保存)保羅早期傳道10多年間的任何信件。此外，與當時許多名人哲士的著作量相比，保羅的書信彷彿寥若晨星。這顯示保羅寫信給眾教會似乎不是一件隨便和輕易的事。其實這一點也不足為怪，試想：在一個沒有郵遞服務的社會(當時的郵遞只供官方使用)，保羅又沒有城市地圖提供給送信人(更不能在萬維網下載地圖！)，很多街道根本連名字也沒有，民居亦沒有門牌地址，而教會聚會的地方又不是具標誌性的建築物，加上房屋經常被遷拆、燒燬、或自然倒塌，除非送信人非常盡責，或者目的地是靠近其家鄉的熟識地方，又或收信人是社會名人，否則，郵遞失誤的可能性是相當高的。而就算信件能平安地送達教會，收信人是否接受保羅的意見？有否誤解他的教導？這也不是十天半月可以知曉的，更遑論對書信內容立時更正或澄清了。寫信人的憂慮可想而知，難怪約翰說他寧願親自探望信徒與他們傾談，而不願訴諸筆墨（參約貳12節）。

在保羅早期傳道期間，大概很少依賴書信來傳遞信息或維繫他與教會的關係。但是，當他的外邦宣教工作得著耶城教會領袖的肯定，並開始發展迅速時，書信便成了傳遞信息的一個十分恰當的工具，甚至可謂是保羅牧養廣泛地區教會的主要途徑。一如很多使徒教會的信徒，保羅也是秉持著「臨近的末世觀」（imminent eschatology），認為主耶穌很快就會回到這個世界。由於保羅的使命是普世性的，而時間又無多，所以在他建立一個地區教會後，通常只會稍作停留，隨即趕快再上征途，讓初生的信仰羣體繼續自行發展，又或託付別人去繼續他所開始的工作。為了要幫助這些幼嫩的教會（如帖撒羅尼迦教會）或有諸般掙扎的教會（如哥林多教會），保羅的確常常希望能親自探望他們（參林前十六5～7；林後一15；帖前二17～18，三10），不過，他通常只能派遣可信賴的同工代往（參林前四17；帖前三1～2），很多時候都是事非得已，才用書信代替他的親臨，提供屬靈的餵養和教導。

當然，保羅既然期望主很快就再來，根本不會想像自己正在寫一些流芳百世的作品。如果保羅知道自己正在寫聖經，遣詞用字定會兢兢業業，千錘百煉，大概也不會寫下如加拉太書五章12節那麼激動的句子：「我倒希望那些擾亂你們的人自己去閹割！」正因如此，保羅的書信並不是抽象的神學論文，而是以血淚交織而成的生命流露。

保羅的書信流露出他對信徒的真切之情；上帝也使用他，藉著他的作品激勵我們的事奉生命。你有沒有保羅事奉的心志，不問收穫，只問耕耘？

收到保羅書信的羣體位於加拉太、馬其頓、亞該亞(版圖大約相等於古典希臘的範圍，但在新約時代卻只是羅馬的一個行省)和亞細亞(這地區包括小亞細亞沿海一帶的城市)等地，還有較遠的羅馬城，它不單是羅馬帝國的首都，更是福音西征(如西班牙)的據點。雖然這些收信的羣體只是佔當時基督教會的小數，但是對保羅而言，這些羣體都是整個地區的福音前線。

這些羣體所碰到的不同問題，不單使保羅的牧者心腸充分流露，更使他的神學天才發揮得淋漓盡致，以致我們今天所能讀到的保羅全集已足以反映保羅對福音和其使命的理解。在上帝的智慧安排下，雖然保羅多次未能如願探望他切切想念的信徒，甚至視之為撒但的阻撓(帖前二18)，但是他因而遺留下來的書信正是「無心插柳柳成蔭」，成為了教會寶貴的屬靈遺產，對基督教所產生的影響力和為後世信徒所帶來的祝福，是遠遠超過他本人所能想像的。

我們生命和事奉裏所碰見的攔阻，有時卻成為上帝賜福的管道。你有這樣的經歷嗎？

4.4. 書信的格式

「希羅時期」是「希臘—羅馬時期」的簡稱，一般是指公元前3世紀至公元2世紀這段時期；這名稱與「希臘化時期」(Hellenistic period)通用。

保羅的每一封書信都有相似的格式，而這些格式與我們所熟悉的英文書信和傳統的中文書信的格式略有出入。基本來説，保羅書信反映了典型的**希羅時期**信函的結構：信首語(opening)，信的主體(body)，和信末語(closing)。保羅書信原則上跟隨這個結構，但卻加上了不少的擴充、創意和變化。

4.4.1. 信首語

希羅信函的開頭通常是簡單的問候語：先交代寫信與收信雙方，

再予問安。在不少書信裏，雖然作者主要還是保羅，但為了表達他與隊工的緊密關係，保羅往往加上其他人的名字(例如西拉和提摩太等，參林後一1；帖前一1)。保羅通常擴充寫信人和收信人的資料，一方面突出他作為基督使徒和奴僕的身分，另一方面也提及收信人在基督裏的身分和應有的表現(參羅一1～6)。此外，在信首的問安中，保羅常以「恩典」和「平安」取代了流行於希羅時代的問安語，藉以表達上帝恩典的救贖，並期望讀者更多體會和經歷這些祝福。

4.4.2. 感恩

在問安後，一些比較親切的希羅書信不時會簡單地為收信人的健康及安全向諸神明感恩。保羅將這個格式加以大大發揮，為讀者向上帝感恩，提醒他們如何多方面的領受及經歷上帝的恩典，並加上了他為讀者的代求和祝福。保羅也常常藉著這部分來介紹書信的一些主題，導引讀者的思想。

在保羅的書信中，只有加拉太書缺少了感恩部分，使書信從信首語到信的主體的轉接來得非常突然，表現出保羅對加拉太人迅速偏離正道的急切之情。相比之下，帖撒羅尼迦前書感恩部分的篇幅卻相當長，並且貫穿首兩章的經文，以致很難確定感恩部分何時結束，信的主體何時開始。

4.4.3. 信的主體

這部分有相當大的彈性，未有一致公認的典型內容、形式或次序。保羅在此或有教導，或有辯證，或有提醒，或有指責，充分表現他的創意和因時制宜的靈活性。

在教義性的討論或保羅個人的自辯之後，保羅常常加上一段較為實用的信徒生活指引（參羅十二1～十五13；加五13～六10；弗四1～六20；西三1～四6；帖前四1～五22）。保羅很多時候並沒有指明具體的情況，只是藉著各種格言式的道德勸誡來指出信徒應有的表現，諸如一些格言、德行或惡習的綱目和人倫的規範（弗五21～六9；西三18～四1）等等；這些道德勸誡在當時的希羅哲學家中相當流行，保羅有時甚至取材或借用那些現成的資料。

4.4.4. 信末語

保羅將當時通行的書信格式加以修改，建立出他與信徒羣體溝通的獨特書信模式。你又有甚麼才幹或學識可以轉化來服事教會？

希羅信函通常以簡單的話別和一個好運或健康的祝願作結。但保羅卻以屬靈的祝福語（林前十六23；林後十三13；加六18）和對上帝的頌讚（羅十六25～27；腓四20）取代了健康財富的願望。他有時會加上很長的問候名單（參羅十六章），那主要是為了強調彼此熟稔的關係，或者促進新的交情的建立。

4.5. 保羅書信的次序

保羅的書信都屬「半私人」的性質，最初只流傳於某些地區（西四16），但不久就廣泛地傳閱開來。直至大約公元1世紀末，有些信徒或教會已把保羅所寫的書信編集在一起，成為「保羅全集」（Pauline Corpus），自此，這13卷書信的流傳就更廣泛了。至於**保羅全集各卷書的排列次序，按現在的新約編排**是以羅馬書為首，以腓利門書作結，這反映按內文

這個排列次序反映較後期的教會傳統，新約聖經的抄本展示很多不同的次序。

篇幅由長至短地順次排列的模式，亦恰巧把保羅的公函和私人信件界分開來。

然而，這個由長至短的排列方法，容易使讀者忽略了書信的時間性和歷史性。一個較佳的方法，是按照各書信的寫作年期來排列。雖然聖經書卷的寫作年期一直都是爭議不休的事，然而按一般學者的共識，保羅書信大概可以按時序及主要內容分為4組：

1. 早期書信：寫於第二次宣教旅程，約於公元50年代初期成書，包括帖撒羅尼迦前後兩書。
2. 主要書信(也稱教義或福音書信)：寫於第三次宣教旅程，約於公元50年代中期成書，包括哥林多前後兩書、加拉太書和羅馬書。
3. 監獄書信：寫於第一次被囚於羅馬期間，即是使徒行傳二十八章記載的歷史時段，約於公元60年代初期成書，包括歌羅西書、腓利門書、以弗所書和腓立比書。
4. 教牧書信：寫於在羅馬被釋放至再度被囚期間，即是使徒行傳所載的歷史時期之後，約於公元60年代中期成書，包括提摩太前書、提多書和提摩太後書。

儘管我們未必能絕對肯定各卷書的先後次序，但各組書信的確有明顯的特徵。第一組的主題比較簡單，對「主的再來」尤其注重。第二組的內容充滿爭論性，特別關注「罪」和「恩典」的教義。第三組對「基督的位格」和「教會」有重點的教導。第四組則著眼於「真道的維護」及「教會的組織和領導」。

在以下數章，我們會以使徒行傳的歷史架構為背景，加上一些補充的歷史資料，逐一介紹各書卷的特色、寫作目的、內容信息和一些重要主題。

第五章

早期書信

- 帖撒羅尼迦前書
- 帖撒羅尼迦後書
- 帖撒羅尼迦書信的信息

5.1. 帖撒羅尼迦前書

5.1.1. 寫作背景和目的

> 哥林多前書十三章13節是最著名的一節記載「信、望、愛」的經文，但其實最早提及這個觀念的書卷是帖撒羅尼迦前書一章3節（另參帖前五8）。

大部分學者相信，帖撒羅尼迦前書是現存保羅書信中最早的一卷。換言之，它亦是新約聖經裏最早成書的書卷，距離主耶穌被釘十字架只有大概20年的時間。帖撒羅尼迦前書不單深刻地描繪了一個初代教會的**信、愛、望**（一3）表現，它更讓我們體會保羅的牧者心腸。

帖撒羅尼迦是羅馬帝國馬其頓省的首府，是海陸經商的要津。使徒行傳（十七1～15）詳細記錄了保羅、西拉和提摩太在第二次宣教旅程時（約公元50年）在帖城和鄰近的庇哩亞建立教會的經過。帖城的工作有相當不俗的開始，有好些人信了主，但卻旋即受到當地猶太人的反對，藉著一些市井流氓，引起暴動騷亂，令使徒們幾受私刑之險，必須匆忙離開帖城。

帖撒羅尼迦前書的寫作目的是相當清楚的。當保羅被迫離開帖城後，因著猶太人鍥而不捨的追擊，他輾轉間到了哥林多。此時，保羅的心情非常沉重，極其牽掛帖城信徒的情況。試想：

- 這些信徒是在「遭受大難」（一6）的情況下信主，保羅離開後，他們能否忠心堅忍到底，面對逼迫？
- 這些外邦信徒並沒有甚麼了不起的憑恃，兼且身處的環境完全受外邦的宗教、思想文化和道德觀念所影響，在缺乏屬靈領導和牧養的情況下，他們信主的熱情會不會冷卻？
- 他們會否仍受異教歪風陋習的迷惑，墮入淫亂和拜偶像的試探，重尋信主前所享的罪中之樂？

- 他們又會否誤信那些毀謗保羅的讒言，對使徒的人格甚至福音產生懷疑呢？
- 再者，保羅匆匆離去，未有充分時間幫助他們打好信仰的根基，在神學上他們會否誤解他的教導，在生活上又是否懂得棄惡擇善？

無疑，這一切的問題都使保羅牽腸掛肚，恨不得立刻插翅飛回帖城（二17～20）。可恨他探望信徒的心願不止一次受到撒但阻撓，只好派提摩太去視察情況，堅固他們的信心，使他們不會因為受迫害而退縮，或受撒但迷惑而前功盡棄（三1～5）。

但提摩太始終不是保羅啊！這個**乳臭未乾的小伙子**能否達成任務呢？保羅焦慮等候之情溢於言表。感謝上帝，提摩太終於帶來好消息：帖城信徒不單有堅定的信心，更常常想念保羅（三6～8）！多日來的掛慮一掃而空，如釋重負，保羅的喜樂實在是難以形容的。他立時寫下了這封充滿感恩的信，重申他何等渴慕去探望他們，補足他們信心的需要（三9～13）。另一方面，在字裏行間我們又看到提摩太此行發現了教會在信仰和生活上的若干問題，以及一些中傷保羅的流言，所以保羅也藉此信回應教會內外對他的批評或猜疑，並澄清信徒對信仰的一些誤解，又在生活操守上勉勵他們。

10多年後，保羅寫信給提摩太，還要勉勵他別讓人小看他年輕（提前四12）！

5.1.2. 內容

書信的第一部分（一～三章）洋溢著保羅對帖城信徒的深厚感情，並充滿了喜樂、向上帝的感恩和對信徒的稱讚。問安後，保羅為他們在患難中對主的忠貞而感謝上帝，又稱許他們是馬其頓和亞該亞眾教會的模範（一7），他們離棄了偶像，堅信基督，並甘心為此而承受患難。接著，保羅就答辯了一些沒有根據的指責，表白自己的正直無私。

我們可能會感到驚訝，竟然有人會指責保羅諂媚和貪婪（二3、5），其實，在保羅的時代，這一點並不足為奇。當時有無數形形色色的江湖騙子四處「佈道」，詐騙無知的愚民，從中取利。毀謗保羅的人指他正是這樣的人！一遇上少許困難，就馬上脱身而逃，且一去不回，根本不理信徒的死活！不單如此，他們更乘機攻擊保羅的福音。

保羅的答辯很簡單：他忠於上帝所託，並藉著聖靈的權能將福音傳給他們；這福音在他們的生命裏所產生的信心、愛心和盼望正可為此作證（一3）。若他們回想保羅與他們同在時的行事為人和對他們的關愛，也必會體會保羅的真誠。保羅更向他們重申自己絕對沒有忘記他們，相反，他是何等地愛他們和時刻想望再見他們，只是**遭受撒但的阻撓**，才不得相見。無論如何，保羅懇切求告上帝讓他有機會重返帖城與信徒相聚，並祈望他們「有彼此相愛和愛人類的心，並且日益增長」，以致「在我們的主耶穌和他的信徒們來臨的時候，能夠在我們的父上帝面前聖潔，沒有缺點」（三9～13）。雖然保羅的同工提摩太在探訪帖城教會後，曾向保羅稱許當地信徒的信心，但保羅還是希望親自去再探望他們。

這裏可能指保羅的疾病（參林後十二7），更可能指保羅在帖城遇到暴亂時，耶孫曾向地方官納款，擔保保羅不會再在帖城生事（參徒十七9），以致保羅不想再招惹麻煩，連累耶孫及帖城信徒，故遲遲不敢探望他們。

保羅在帖撒羅尼迦逗留了多久？

根據使徒行傳十七章2節，保羅「連續三個安息日」在會堂傳道，一些學者據此認為保羅在帖城只逗留了3個星期。然而，腓立比書四章16節提到當保羅在帖撒羅尼迦時，腓立比教會似乎不止一次送來餽贈；在帖撒羅尼迦前書二章5至12節，保羅要信徒回想他在他們當中的生活見證，特別是二章9節，更指出他在帖城日夜辛勤地工作，這些經文都暗示一段較長時間的逗留。所以不少學者相信「連續三個安息日」可能是指保羅最初在猶太會堂的傳道，之後他還有一兩個月向外邦人傳道，這也許可以解釋為何帖城信徒以外邦人為主。

在書信的第二部分（四～五章）保羅對信徒的生活和信仰作出了一些指導和更正。由於當時異邦社會的道德標準相當低落，因此，保羅寫信給那些新近皈信基督的外邦信徒時，經常會提及有關淫亂的問題；在這裏，保羅特別強調信徒要過聖潔的生活，尤其在性道德方面，要遠避淫亂，不可像異教徒那樣（四1～8）。他們也要繼續在愛中成長，立志安分守己，自食其力，好使他們得到非信徒的尊敬（四9～12）。

隨後，保羅轉而討論主再來的問題。一些人為已死的親友憂傷，以為這些信徒會錯過了復活的福分或與主相會的榮耀。保羅首先**安慰他們**，當主再臨時，那些已經死去的信徒一點也不吃虧，因為他們會首先復活，並與還活著的人要一同被提到空中與主相會。因此，帖城信徒不必像那些沒有盼望的人一般憂傷，反要彼此安慰（四13～18）。保羅也提醒他們無須為主何時回來而焦慮。「主再來的日子」（五2，《和合本》譯作「主的日子」）就像小偷在夜裏忽然來到一樣，對世人而言，這將是令人吃驚與突然的事，但信徒們卻應隨時做好準備，並過警醒的生活。到主再臨時，就不會驚惶失措了（五1～11）。

根據一份名叫《以斯拉二書》的猶太偽經文獻的記載，當榮耀的彌賽亞來臨時，還活著的信徒比死去的更有福分。

現代不少信徒看「被提」好像比「復活」更重要，你認為這符合保羅的教訓嗎？

最後，保羅鼓勵信徒要尊重領導的人，繼續在主裏彼此相愛，並要常常喜樂、禱告和感謝，又懂得擇善棄惡（五12～22）。之後，保羅就以禱告和祝福結束全書（五23～28）。

帖撒羅尼迦前書摘要

信息：保羅著意鞏固信徒對上帝的信心，勸勉他們追求聖潔的生活，並要對主再來充滿盼望。

作者：保羅

寫作日期：約公元50/51年

大綱

A. 問安、感謝和稱讚（一章）

B. 為自己在帖城工作辯護（二1～16）

C. 表達對信徒的關懷（二17～三13）

D. 有關基督徒行為的勸勉（四1～12）

E. 討論關於基督再來和已去世的信徒的情況（四13～五11）

F. 有關順服長者及教會生活的勸勉（五12～22）

G. 結語（五23～28）

5.2. 帖撒羅尼迦後書

5.2.1. 寫作背景和目的

保羅寫了帖撒羅尼迦前書，並收到從帖城教會傳來的消息後，很快便提筆寫第二封信；顯然這表示前書的信息並未完全達到預期的效果。

若有一個不務正業的人經常以屬靈的原則作藉口來向你借錢，你如何既有智慧、又不失愛心地開導他？

由於保羅在帖撒羅尼迦前書勸勉信徒要準備迎接主的再來，可能引致有些帖城信徒過分熱切地期待基督的再臨，或以此為藉口，索性放下手上的工作，終日閒散，不務正業，因而更成為其他人的負累。此外，教會受逼迫的情況似乎加劇了，使得一些信徒錯以為末日已經來到，有些人甚至訴諸保羅的權威和聖靈的啟示，發表一些錯誤偏頗的言論。因此，保羅明確否定這樣的說法，重申主再來前必先有某些事情發生，並敦促信徒不要受人欺騙，尤其不要輕易被「主再來的日子到了」這種說法所困惑(二2)。

5.2.2. 內容

保羅首先感謝上帝，因為帖城信徒雖然經歷許多迫害和患難，卻仍然相信和忍耐。他強調上帝必使他們得以享受福澤。上帝也必會執行公義，替他們申冤，懲罰那些迫害他們的人(一1～12)。

接著，保羅提醒信徒，他在帖城時曾教導他們，主的日子來臨之先，必有一個把自己抬高在一切之上的「不法者」出現，為要反叛上帝。現在這不法者受到攔阻，但當時機成熟，他就要帶著撒但的權力來到，行各種奇迹異能，但卻終必被主耶穌再來時所顯現的光輝消滅(二1～12)。

保羅繼續以上帝呼召和揀選的恩典來勸籲信徒務必堅守真理，不要被假教導所攪亂(二13～17)。他又頗為嚴厲地譴責一些游手好閒，專管閒事的人，並強調信徒在等候主的過程中，必須保持安靜，且繼續工作，在各自的教會中盡責地生活，切勿濫用別人的慷慨(三1～15)。

最後，為了防備冒他名的書信(參二2)，保羅特別加上親筆的問安和祝禱，好讓讀者記認他的筆迹，藉此辨識真正出於他的書信(三16～18)。

不法者

保羅在帖城曾經給予信徒關於「不法者」的教導，因此，保羅在帖撒羅尼迦後書中無須詳論，只是摘要的提醒就夠了。帖城信徒自然很清楚那不法者的身分和阻撓他的是甚麼，只可惜我們卻沒有這些教導的詳細記錄！

因為我們缺少了帖撒羅尼迦後書的讀者所熟知的背景資料，所以在細節的解釋上不宜武斷。不過，大體而言，保羅在帖撒羅尼迦後書的描述與其他新約的有關經文相當一致：在主榮耀的再臨前，敵基督的勢力必會作出加劇和最後的反叛（提後三1～13；約壹二18，四3；啟十三1～8；另參但七8～25，八9～12）。

至於現在阻撓那不法者的是甚麼，可謂眾說紛紜。很多學者認為是指羅馬帝國或羅馬所代表的地上政權，也有認為是聖靈藉著教會的工作或保羅傳福音的職事。無論如何，主既然還未回來，這不法者的彰顯（或最後的彰顯）仍是未來的事，也只有等待未來才可以打開這個謎。目前來說，我們必須明白，保羅教訓的重點不是要提供帖城信徒更多關於主再來的資料，而是要提醒他們謹記他先前的教導，不要輕易受以後的傳言、推測或宣稱所迷惑。這假定了使徒的教訓是不會前後不符、自相矛盾的。我們今天亦應該根據使徒在聖經遺留下來的教導，來判辨各種關於主再來的解釋或宣稱。聖經依然是真理的標準和一切錯謬的防線。

帖撒羅尼迦後書摘要

信息：接續前書，保羅進一步澄清信徒對主再來的誤解，勉勵他們以等候主的心態，積極地過聖潔的生活。

作者：保羅

寫作日期：約公元50/51年

大綱

A. 問安、感謝和稱讚（一章）

B. 關於基督再來的情況（二章）

C. 對懶惰者的勸誡（三1～15）

D. 結語（三16～18）

5.3. 帖撒羅尼迦書信的信息

5.3.1. 為福音受苦

保羅在帖城的事奉自始至終離不開受逼迫。他提醒讀者，他在前一站腓立比已經受迫害和侮辱，被打得遍體鱗傷(帖前二2；參徒十六22～24)。他在帖城時身上傷痕大概還未痊癒，卻仍然勇往直前地傳福音，為要取悅那位察驗我們內心的上帝，報答祂的選拔和付託(帖前二4)。

不單如此，保羅也期望每一個信徒都能為主受苦，因為這是效法使徒和基督的自然後果(帖前一6，二14～15)。帖城信徒是在遭受逼迫的情況下信主，而更難受的是，他們是在同胞的手中受迫害(帖前二14)。信徒能夠堅忍，是因為他們領受的福音，並不是出於人的信息，而是確確實實出自上帝的信息；不僅是屬靈的鷄湯，而是令人脱胎換骨的靈藥，使弱者成為剛強，懦夫成為殉道者。

你曾為福音的緣故而受朋友的嘲笑或家人的為難嗎？

我們為福音所受的苦絕不會徒然，上帝必然賞報，有一天，教會終必分享主耶穌基督的榮耀。這不是説，受苦使我們贏得天國，而是説，我們在一切患難逼迫中的堅忍忠貞，表明了上帝在我們生命裏的恩典工作(帖後一11～12)，令我們配得享受上帝國的福澤(帖後一5)。

雖然現時惡勢力好像橫行無忌，但報應的日子卻終有一天會臨到(帖後一7～8)。在現今的世界裏，生命不一定是公平的，義人常常受苦，惡人卻往往亨通。但上帝是公平的，主再來的時候，他的公義必會完全地彰顯出來。而在等候的階段中，我們亦可以完全將自己交託給這位良善信實的上帝。

5.3.2. 主的再來

毫無疑問，主的再來是貫徹新約聖經的一個重要主題。帖撒羅尼迦書信對這個課題有不少寶貴的教訓。

主的再來是歷史的高峯、終結和目的。在這個多難的世界裏，有時信徒除了受苦以外，似乎不能看到甚麼、期望甚麼，也往往覺察不到歷史的過程是有何目的。帖撒羅尼迦書信提醒我們上帝是歷史的主宰，基督會在他自己的時間再度來臨，正義必得伸張，信徒將蒙拯救。歷史不是受控於盲目的自然進化或偶發的人為決定，相反，歷史是上帝介入人類生命、成就祂救贖計劃的舞台。正如在伊甸園裏始祖享受與上帝同在的福樂一樣，當主再臨時，信徒也要永遠與主同在(帖前四17，五10)。因此，對基督徒而言，主的再來絕非一個抽象的理念，而是偉大的盼望，可以激勵我們的信心和愛心，過聖潔的生活(帖前五8～11)。

基督徒與世人對歷史的看法有何不同？世界多難，主耶穌好像遲遲未來，你相信上帝仍然是掌管歷史的主宰嗎？

帖撒羅尼迦前後兩書之間有一種張力：主的再來一方面是臨近和突然的(帖前)，另一方面卻要等候一些人物或事件的徵兆出現(帖後)。這無疑帶來解釋上的困惑，有些學者甚至因而**否定保羅是後書的作者**。然而，這種張力並不是帖撒羅尼迦書信所獨有，而是貫穿新約的教導，也是新約末世觀的特色。例如在馬太福音二十四章，主耶穌論到很多末世的徵兆，卻宣稱自己也不知道再來的日子和時間(太二十四36)。其實在上帝的智慧安排下，祂不讓我們知道那日子，是要我們時刻警醒；卻又讓我們知道一些徵兆，好叫我們不輕易受迷惑。上帝通察整個人類歷史，並遵照祂永世的目的來設定

保羅時代的猶太啟示文學也常表現出這種既臨近末世、卻又要先待徵兆的張力。所以，這種張力的存在並不足以質疑帖撒羅尼迦前後兩書是否同屬保羅之作。事實上，兩書的文筆風格是非常接近的，我們實在沒有甚麼有力的證據足以否定保羅是此兩書的作者。

一切事件發生的時間，我們不用為主何時回來而焦慮，只要知道那個時間是在上帝的掌握之中就夠了。可惜的是，基督徒的興趣往往集中於推算主再來的時間，對千禧年以至「千年蟲」等講座趨之若鶩，卻忽略了生活的聖潔和警醒，輕看了今世的責任。更不幸的，主再來這個充滿安慰和讓信徒彼此鼓勵造就的真理，往往被撒但利用，成為分裂教會、宗派、以至神學院的工具！

另一方面，一些信徒卻對這個真理望而卻步或無動於中，在安逸的生活裏，沉醉於今世的歡娛，將生命的一切都投資在今世。當主再來時，或當生命完結時，他們跟那些沒有盼望而死去的人又有何異？

5.3.3. 生活在今世與末世的重疊期

有些信徒迫切地尋求知道主再來的日子，亦有些信徒卻從不過問主再來的事而活在自我中。你屬於哪一類？怎樣的態度才算合宜地等候主？

在保羅的神學架構裏，基督在十字架上的工作已將人類歷史帶入末世的階段，開始了新的創造，然而，今世的舊創造還沒有完全過去。信徒生活在這重疊的時期，雖然熱切盼望主的再來，卻不能忽略在今世的責任。保羅在帖城時已清楚地教導信徒：「不做工的人不得吃飯。」他自己也立下了美好的榜樣，情願放下使徒接受供養的權利，日夜勞碌，自食其力，不成為信徒的負擔(帖前二9；帖後三7～10)。在帖撒羅尼迦書信中，保羅特別強調工作的責任，對懶惰和游手好閒之輩的譴責更是不留餘地。主再來的盼望不是叫我們逃避現實，或無所事事而成為別人的負累，而是叫我們更加努力，安分守己，免得被非信徒輕看(帖前四12)。

溫習問題

1. 保羅如何表達他對帖城信徒的關懷？（帖前二7～12、17～20，三1～13）
2. 帖城信徒接受了福音後，有何生命的改變？為何他們可以在受苦中堅忍？（帖前一2～10，二13～14；帖後一3～12）
3. 從保羅身上，你可以看到事奉上帝的人應有甚麼品格和表現？（帖前二1～12）
4. 主再來的真理對信徒有甚麼安慰？（帖前四13～五11；帖後一6～二17）
5. 有人熱中於計算主再來的日子，也有人對主再來漠不關心。保羅的教導如何糾正這兩方面的錯誤呢？（帖後二～三章）

第六章

主要書信（一）：哥林多書信

- 哥林多前書
- 哥林多後書
- 哥林多書信的信息：十字架的信息

與馬其頓省的首府帖撒羅尼迦一樣，亞該亞省的首府哥林多亦是羅馬帝國的大都會，是保羅傳福音的一個戰略性的據點。這兩個城市教會的建立，也只相隔幾個月而已。然而，兩地信徒在信、愛、望的表現，實在有天壤之別：如果帖城信徒是外邦眾教會的模範，哥林多教會就是最有效的反面教材！

哥林多信徒似乎沒有像帖城信徒一樣為信仰的緣故受逼迫，卻充滿了信仰上的妥協和道德的敗壞；有些信徒高舉自由和恩賜，卻忽略了愛心；他們滿足於今世，像沒有盼望的非信徒一樣，否定了復活的真理；他們不單不想念保羅，更趁他不在時就自高自大，甚至質疑他使徒的權柄。

你認為一個牧者應以怎樣的態度去牧養那些自高自大的信徒？他當如何效法保羅？

這一切牧養的挑戰，正像青春期兒女的反叛，保羅那破碎的父母心於此表露無遺。在兩封書信裏，他施展了渾身解數，動之以情，曉之以理，甚至嘗試説服之以屬靈父親的權柄；他時而情辭懇切的軟求，時而不留情面的譏諷，提醒、恐嚇、稱讚、怒罵，兼而有之，盡訴心中的衷情。

哥林多書信可謂粉碎了一般人將使徒教會當為理想教會這美夢。其實，令人驚奇的，不是看到使徒時代的教會有很多掙扎和罪惡，而是看到主的寬容忍耐，使教會在百般掙扎和罪惡牽累中，仍可以靠著主的恩典繼續生存和成長。另一方面，哥林多書信也重整了保羅的形像。他不僅是剛強勇敢，翻天覆地的偉大使徒，也是戰戰兢兢，容易受傷害的軟弱弟兄；然而，在上帝大能的手裏，這個普通的瓦器，正成為承載寶貝福音的器皿。

這兩封書信最可貴的是，保羅沒有短視地用「頭痛醫頭，腳痛醫腳」的態度來處理哥林多教會的眾多問題，而是藉著敏鋭的屬靈洞察力，揭露了問題的癥結，因而帶出了基要的永恆真理及深層的神學和牧養反省。今日教會面對世俗文化和意識形態的衝擊時，也可以從保羅的教導裏得到智慧、指引和處理的楷模。

6.1. 哥林多前書

6.1.1. 寫作背景和目的

哥林多城位於連接馬其頓至亞該亞半島的地峽樽頸地帶，是著名的希臘古城，曾被羅馬夷平及重建。因為它有利的地理形勢，羅馬政府於此鋭意殖民建設和發展貿易，遂使哥林多重新成為一個重要和繁榮的海港，亦因而造就了不少驕傲的暴發戶。另外在附近有兩年舉辦一次的著名的**地峽運動會**，吸引了很多遊人，也提供了不少就業機會。因此，各民各族的人，不同形式的宗教敬拜及哲學思想，都在這裏共冶一爐。兼且，飽暖思淫欲，經濟的繁榮很自然帶來了糜爛的生活。

在當時，地峽運動會的重要性僅次於奧林匹克運動會。

早於羅馬以前的希臘時期，哥林多已因驕奢淫侈而惡名昭著，不少妓女流連於好些神廟附近，接待尋芳客；雅典人甚至從「哥林多」(*korinthos*)這城市的名字創造了一個希臘字「哥林多化」(*korinthiazomai*)來形容放蕩的生活。在保羅時代，哥林多經過羅馬的重建，已面目全非，但社會的道德風氣大概還是依舊，保羅在該城寫羅馬書時，可能正因目睹哥林多外邦人的黑暗生活，就有感而發地寫下了羅馬書一章18至32節對外邦道德的嚴厲批判。

近代學者大都認為哥林多的道德問題不一定比其他的羅馬大都會嚴重，哥林多被雅典人冠以「哥林多化」的揶揄，是因為它是雅典在經貿和文化方面的主要競爭對手。但無論如何，哥林多的風氣就算不是最壞，也大概好不到哪裏去；連哥林多信徒的表現亦如此差勁，那麼非信徒的道德景況就更可想而知了！

使徒行傳十八章詳細記錄了保羅在第二次宣教旅程時(約公元50年)在哥林多建立教會的經過。保羅到哥林多之前，曾在雅典傳道。雅典人卻自以為有智慧，拒絕福音，譏笑保羅所傳的復活信息(徒十七32)。這個經歷使保羅深深體會到屬世智慧的愚拙，因而更決心傳世人看為愚拙的福音。雖然仍遭遇到很多猶太人的反對，但保羅在外邦人中傳道卻大有果效，許多哥林多人信了，並接受洗禮。保羅在哥林多最少逗留了18個月，後來才經以弗所返回安提阿。幾個月後，保羅開始第三次的宣教旅程，按先前的計劃重往以弗所去(徒十九1)，在那裏住了3年(徒二十31)，期間聽到不少關於哥林多教會的壞消息。

少數學者認為哥林多後書六章14節至七章1節對淫亂和拜偶像的嚴厲責備可能反映這封信的部分內容；不過，最可能的是，這封信的內容已全部散失了。

哥林多信徒經過保羅這麼長時間的辛苦耕耘，照情照理，應該有不少屬靈的長進。不幸地，事實卻剛好相反，教會發生了一些令保羅痛心疾首的嚴重道德問題。**他匆匆寫了一封信給他們**(五9)，吩咐他們不可與不道德和拜偶像的人交往，信中可能也提到教會其他的問題。

保羅寫信以後，哥林多的問題不但沒有解決，反而變本加厲。他聽到不少有關當地教會近況的傳言，從革來家的人口中，他又得知教會有分門結黨和人際關係的衝突，一些信徒甚至對保羅有不少批評。大約與此同時，保羅從其他信徒如司提法那、福徒拿都、及亞該古等(十六17)亦聽到了教會在道德、崇拜和教義上的不少問題。

如果他們真的願意聽從保羅的話，按他們的「誤解」行事，理應在道德上更為謹守，也不會出現這麼多的問題了。

此外，哥林多教會也曾回覆了一封信給保羅(七1)，信中顯示他們誤解了保羅先前的信，以為他要信徒與所有不道德的人分開，但保羅的原意是教會應拒絕那些自稱為信徒卻行為不檢的人。這個「誤解」可能不是單純的誤會，而是**故意的曲解**，為他們在道德上的妥協予以開脫的口實。

大概因為保羅在匆忙中措辭強硬激烈，不夠謹慎，給他們抓住了話柄，說保羅的命令是不切實際：哥林多城處處是淫亂和拜偶像的人，信徒若要與這些人斷絕交往，恐怕要離開世界才可！哥林多信徒在信中亦詢問保羅一些關於性與婚姻的問題，以及要求亞波羅回到他們那裏，他們也很可能談及吃祭過偶像的食物、屬靈的恩賜、為耶路撒冷的基督徒收集捐款等課題（七1、25，八1、4，十二1，十六1、12）。

情理兼備的哥林多前書，就是保羅對這一切複雜和嚴重問題的回應。

6.1.2. 內容

哥林多教會雖然有很多值得責備的地方，保羅卻首先為信徒在屬靈上的富足向上帝感恩（一1～9）。保羅這樣做，不單是先禮後兵，也表達了他一個重要的信念：儘管哥林多教會問題重重，她總是上帝的教會，有上帝的恩典和工作。

你能否在一些表現令你失望的基督徒身上發現上帝的恩典？你曾嘗試為他們感恩嗎？

保羅第一個要對付的問題是信徒的**分門結黨**（一10～四21）。他們標榜不同領袖的領導，特別以當時流行的修辭演說技巧來將保羅與亞波羅比較，認為保羅頗有不如。保羅當然不介意別人比自己強，他所看重的是，基督徒的分黨實在與分裂基督的身體無異。不單如此，以屬世的智慧、思想方式和演說技巧來評論教會領袖的高下，無疑是否定了十字架的福音信息。真正的智慧，不是以個人在今世的社會地位、知識或權勢為憑，而是藉著世人看為愚蠢的福音表明出來，以致沒有人可以自誇。因此，教會領袖本身並不重要，他們只不過是

早期教會沒有禮拜堂，大多在家庭中舉行聚會。考古證據顯示，一般家庭只能容納20至30人左右，較大的也很少超過40至50人。因此，一旦教會的人增多了，便要分開聚會，也自然容易產生分門結黨的局面。

上帝的僕人，一同忠心地為上帝工作，建立教會，而真正使教會成長的是上帝。所以哥林多信徒不應標榜不同的領袖，或以屬世的原則將他們比較。

亞波羅來自教育名城亞歷山大，是能言善辯的演說家。他曾一度在以弗所傳道，並得到亞居拉及百基拉的指正和幫助。其後，他在保羅之後來到哥林多，並在教會事奉（三6；參徒十八24～28）。

這個女人也許是他的繼母，但亦可能是父親其他的妻妾，我們也不知道這父親是否已經去世。

接著，保羅轉而討論兩宗教會紀律的問題（五1～六11）。首先，教會竟然縱容一個**與父親其他的妻妾同居的信徒**。保羅吩咐將這人趕出教會，以保持教會的聖潔，也希望藉此促使犯罪者悔改得救。此外，信徒之間又因財務的爭執而在法庭興訟。保羅說他們在不信的法官面前彼此控訴，是教會極為失敗的見證。他們應交給教會作內部處理，或寧可吃虧。保羅提醒信徒要珍重他們超然的身分：教會將來有權審判世界和天使，為何現在卻自降其身地甘受世界標準的審判？

保羅所傳的福音使我們從律法中得著釋放，但一些信徒卻將這自由推到極端，以「甚麼事我都可以做」（六12）為口號，鼓吹自由放縱，認為性欲就好像飢餓一樣，都是身體的本能需要，必須得到滿足，所以便肆無忌憚的去嫖妓。保羅反駁說，信徒既與主聯合，就不能與娼妓苟合。而且，我們的身體是聖靈的殿，是屬於上帝的，不但自己無權濫用，更不能犯淫亂罪來傷害這身體。相反，我們必須用身體來榮耀上帝（六12～20）。

流行的希臘二元論哲學思想往往視身體為靈魂的監獄。這種輕視身體、重視靈魂的看法產生了兩個截然相反的道德取向。一個是禁欲主義，認為必須克制身體的情欲，使靈魂得以提升；另一個是縱欲主義，認為身體既然不重要，即使為所欲為，也不會影響靈魂的純潔。哥林多教會同時反映了這兩個極端的取向。

在七章，保羅回答了哥林多信徒在信中對性與婚姻的一些詢問。與自由主義者相反，有些禁欲主義的信徒主張不結婚或與配偶離婚，甚至結了婚的人也停止了性生活。但有人更可能有時情不自禁，而陷入了犯淫亂的危機（1～5節）。保羅指出獨身和結婚都是上帝的恩賜，信徒要按這恩賜來確定自己的位分，不應輕易改變這個位分（17～24節），因為這個世界很快就會過去（29～31節）。按這原則，保羅有條不紊地處理不同類型的情況：**夫妻應該維持性關係**（1～7節）；鰥寡和沒有結婚的應該維持現狀（8～9、39～40節）；結了婚的基督徒不可以離婚（10～11節）；若有配偶是不信者，也應儘量維持婚姻，除非不信的一方堅持要離異（12～16節）；獨身者即使訂了婚，也以不結婚為妙（25～38節）。保羅基於自己的經歷和對主再來的企盼，明顯傾向獨身。他認為時日無多，獨身的人可以不受配偶纏累，更專心事奉主。然而他的語氣非常溫和，強調他所給的只是意見而非命令，讓讀者自行作明智的抉擇。

保羅堅持夫妻兩方在性事上有同等權利，在當時羅馬社會來說，是非常前衛的講法，反映保羅絕不是一個大男人主義者。

在現今性開放的時代，保羅對性與婚姻的教導是否仍然適切？信徒當如何實踐這些教導？

在八至十章，保羅轉而討論吃祭過偶像之物的問題，他的詞鋒從溫和變得尖銳和爭辯性，顯示他與哥林多人對這議題的看法大不相同。哥林多可謂是一個滿天神佛的社會，工會和社團組織常常在廟宇裏舉行社交餐會，而市場所賣的食物，有部分是由廟宇供應的。此外，羅

帖城的外邦信徒受到同胞的逼迫(帖前二14),主要是因為他們離棄偶像。而離棄偶像最明顯的表達就是拒吃祭過偶像的食物。然而,用膳交誼在當時是主要的社交管道,因此,拒吃祭物就很容易得罪不信的親友,斷絕了社交的生活,以致排擠和逼迫隨來。

你會為信仰的緣故而寧願受損失,也不隨波逐流或同流合污嗎?

馬人在家裏進餐,很多時都有祭祀的儀式,所以到非信徒家裏吃飯,也很可能吃到祭過偶像的食物。因此,信徒要拒吃這些食物,便很容易受到社會甚至親友的**排擠和逼迫**,且毫無疑問會影響生計。一些哥林多信徒大概為了維持生計,且逃避親友的壓力,就以自由為口號,並以偶像根本不存在的知識為理由,肆無忌憚地吃祭過偶像的食物,甚至堂而皇之地在偶像廟裏進餐。一些軟弱的信徒在良心上雖然認為吃祭物是等同拜偶像,卻又受他們的影響而跟著去行,放膽地吃。這樣,自由主義者無異鼓勵了他們故意違背上帝,奔向滅亡。

保羅首先不跟他們談神學知識的問題,而是指出他們缺乏愛心。從愛心的角度來說,無論吃祭物本身合理與否,既然會傷害弟兄,導致他沉淪,就不應該吃(八1～13)。保羅常常不用使徒的權柄來要求教會供應他物資上的需要,但卻因而引起一些人質疑他的使徒身分,保羅為此答辯,表明這樣做完全是基於更有效地傳福音的緣故,好使更多的人得救(九1～23),他言外之意,自然是呼籲信徒也要懂得為別人而放棄自己的權利和自由。接著,他指出妄用自由的危險(九24～27),並引述以色列人在曠野漂流的經歷為例:他們雖然好像哥林多人一樣領受了那麼多屬靈的福分,卻因為吃祭物及犯淫亂而被上帝擊殺(十1～11;參民二十五章)。保羅提醒信徒,雖然吃祭物的試探不容易面對,但信實的上帝一定會給他們一條出路,因此,他們必須忠於上帝,遠離偶像(十13～14)。保羅一方面同意哥林多人的知識,認為偶像不是真神,但另一方面,他卻指出偶像背後有鬼魔的勢力,吃祭過偶像的食物就等於與鬼交往,參加鬼的筵席,對一個在聖餐裏已參加主的筵席的信徒來說,這不但是不可思議,更會惹主生氣的(十15～22)。

哥林多人也許會反駁說，當他們吃在市場買來的食物或是**在未信主的朋友家作客**時，都有可能吃到祭物，如果要完全拒絕祭物，就必須離開世界方可！保羅的處理方法很簡單：不知者不罪。萬物都屬於上帝，信徒可以放膽吃，無須問食物的來源，但如果有人指出這是祭物，就不可吃。因為明知故吃，就似乎是認同了拜偶像者的立場（十25～30）。當保羅總結他的討論時，引申了一個重要的原則，就是凡事都必須為了榮神益人而做（十23～24，十31～十一1）。

保羅在十章27節論及在不信主的朋友家中作客，可能吃到祭物的問題，似乎假定了信主的人斷不會（或最少在理論上不會）以祭物待客。

早期教會與祭物

信徒對吃祭過偶像之物的態度，是早期教會一個極重要的議題。根據使徒行傳十五章20至29節，祭物是代表偶像的不潔，外邦信徒必須禁戒；啟示錄二章14及20節均以吃祭物和犯淫亂為信徒的兩大罪行；早期教會領袖常常引用保羅的教訓，也一致地反對吃祭物。羅馬政府很清楚這一點，所以在逼迫教會時往往強迫信徒吃祭物，作為否認信仰的表態，很多信徒卻寧死不屈。事實上，在早期的基督教會裏，拒吃祭物已成了信徒是否信仰純正和對主忠貞的試金石。

由十一到十四章，保羅處理了一些在教會聚會時產生的問題。他首先以上帝創造的安排為理由，吩咐婦女在教會中禱告或宣講上帝信息時必須蒙頭，作為順服的表徵（十一2～16）。接著，他責備信徒藐視主的**聖餐**（十一17～34）。在羅馬社會，餐會的座位安排和進食次序通常反映賓客的身分地位，哥林多信徒將世俗的做法帶進教會，富有的人急不可待地先行盡情吃喝，毫不理會貧窮或作奴隸的弟兄姊妹，明顯地破壞了教會

早期教會的聖餐，像耶穌與門徒最後的晚餐一樣，是以聚餐形式舉行，也稱為「愛筵」。

(即主的身體)的合一(十一20～22)。保羅警告，主必懲罰管教他們，這就是他們中間有人病倒甚至死去的原因(十一27～32)。保羅又引述耶穌設立聖餐的傳統(十一23～26)，他沒有討論餅和杯的性質，而是強調聖餐對基督徒信、望、愛的象徵意義：聖餐是要宣講主的死(信)，直到主再來(望)，在這認信和盼望的基礎上，信徒應合一相愛(愛)，在聚集守聖餐時彼此等候。

恩賜是否事奉的首要條件？你如何發掘自己的恩賜？你應該追求甚麼恩賜？

哥林多信徒很看重屬靈恩賜，特別高舉講靈語(《和合本》譯作「方言」)的恩賜，作為屬靈的表徵和誇耀。他們在聚會時爭先恐後地講靈語，不理會其他信徒是否聽得懂，也毫不顧及對非信徒的負面影響(十四13～17、23)。保羅強調一個人是否屬靈，不是由於具有某種特別的恩賜，而是在乎他是否承認耶穌的主權(十二1～3)。聖靈將各種的恩賜分配給信徒，是要他們在不同的崗位事奉配搭，使全教會得著幫助(十二4～31)。正因為恩賜的追求和運用都是為了其他信徒的好處，所以愛是所有恩賜的基礎(十三章)；失去了愛，一切恩賜和事奉都失去意義。不單如此，一切恩賜都是暫時性的，惟有愛是永遠長存的。

使徒行傳二章所描述的「別種語言」或「母語」是指一種現存的地方語言(但說的人卻從未學過的)。而哥林多信徒所說的「靈語」(十二27～30)則可能包括一些所謂「天使的話」，即是有別於任何現存語言的特殊語言，專為表達天上的事情(參十三1；林後十二4；一份叫《約伯遺訓》的猶太文獻也有提到天使的話)。

基於愛的原則，信徒應該渴慕那些能夠造就教會的恩賜(十四1～12)。就這方面來說，保羅認為，除非有人將靈語翻譯出來，否

則宣講上帝的信息比講靈語更勝一籌。他指出每一個信徒都可以運用恩賜，輪流宣講上帝的信息，鼓勵大家，但必須遵守秩序，不可爭先恐後(十四26～33)。他也順帶指出婦女在聚會中要保持安靜，安於本分(十四34～38)。

蒙頭與婦女事奉

保羅在十一章吩咐婦女蒙頭，在十四章又吩咐她們安靜，在今日女權高漲的社會，委實令不少女性(甚至男性)難以接受。此外，這兩段經文也產生了極多解經的難題。

首先，蒙頭究竟是戴面巾或蓋頭巾？或是指長頭髮或某種髮型？抑或是象徵的說法？我們不容易肯定。至於蒙頭的意義，就更是眾說紛紜了。由於考古和文獻證據甚不明確，學者的意見大多是流於猜測，甚至是以訛傳訛。例如不少人宣稱當時社會把在公眾場合不蒙頭的婦女視為不正經的女人，這不單與很多考古證據不符，更不能解釋保羅為何要強調婦女在聚會禱告或宣講信息時蒙頭，因為若說不蒙頭是不正派，則無論在聚會中宣講信息與否，也應一律蒙頭才是。亦有學者認為保羅的教導是為了遷就當時的文化風俗。但各地文化風俗各異，蒙頭的意義和方式，在希臘、羅馬、猶太社會、以至同一社會裏的不同宗教或羣體，都有分別；然而，保羅卻說他的教訓是各地眾教會一律的做法，不容任何人辯駁(十一16)。況且，保羅對女性地位的看法向來都相當前衛和大膽，他應不會被當時社會的文化風俗牽著鼻子走。

至於保羅對婦女在聚會中安靜的吩咐，就更是令人費解。保羅既然在十一章談到婦女在公共場所(開聲)禱告和宣講上帝的信息，又怎會在這裏自打嘴巴，要求她們絕對安靜？不少學者認為保羅是針對當時婦女的教育程度低，常常在聚會中喋喋不休或胡亂發言，也有認為這些婦女受了異端影響，故不宜發言。我們不能否認這些特別的處境都可能會影響保羅教訓的側重點，可是，保羅書信和使徒行傳都顯示，在保羅的門徒和支持者中，有知識和敬虔的婦女大不乏人，為何保羅要「一竹篙打一船人」，禁止所有婦女發言？再者，難道男子中就絕對沒有教育程度較低(例如奴隸)、胡亂發言、或傳講異端(如舒米乃、亞歷山大和腓理徒；參提前一20；提後二17)的嗎？

你如何支持教會內那些又有恩賜又熱心事奉的姊妹？若你是其中一分子，又應如何學習謙卑事奉？

一些學者認為禁止婦女說話的並非保羅，而是哥林多信徒。根據這個理解，十四章34至35節其實是哥林多信徒的意見，而36至38節才是保羅反駁的話。換言之，保羅其實是在責備哥林多信徒不許婦女發言！然而，十一章顯示哥林多教會的婦女宣講信息時不蒙頭，似乎並無受到任何禁止的迹象。此外，在沒有明顯的上下文證據或提示的情況下，輕易地將一些難以接受的意見歸於保羅的對頭，固然是相當「方便」，卻是非常危險的，因為這樣做往往令學者以自己的偏見限制了保羅的教導。

另一些學者甚至認為34至35節並不符合上下文的思路，因而判定那不是保羅的手筆，而是一個有大男人主義傾向的抄寫員加上的。但那抄寫員為何不在十一章也做手腳？再者，我們現存的所有抄本都有這兩節經文。近期不少福音派學者認為保羅在十四章所要禁止的其實是婦女對先知宣講的「評論」(十四29)，這固然可以解決與十一章的矛盾，但「發言」這字在十四章原文出現了20次以上，主要都是指講靈語或作先知宣講；而「安靜」一字在十四章28和30節都是指講靈語者和宣講信息者的緘默。況且，29節只是簡單地提醒信徒(當然也包括婦女在內)要小心辨察所聽的道，並沒有清楚提到他們要對宣講者作出回應或評論。

這個課題確實是很困難，而現時筆者所知道的每一種看法，都未能圓滿解決所有問題。無論如何，從保羅的整體教導看來，有兩個原則是清楚的。

1. 就主裏的身分而言，男女兩性是完全平等的(十一11～12；另參加三28)；
2. 就教會裏的功能而言，男女事奉的權柄和領導的角色卻顯然有別，而女性則尤其要有某種程度的順服。

在今日社會，工作和權力往往決定一個人身分的高下，但在聖經裏，功能的順服卻不代表身分的次等，就如耶穌順服上帝(林前十一3)，卻無損他神性的身分。不過，在身分的平等與功能的不同之間，的確會有很大的張力，要在今天教會的處境裏把握這平等卻不同的平衡，實在談何容易？我們應該以謙卑的心，包容有不同看法和做法的弟兄姊妹，不要隨便為別人扣上「大男人主義」或「女權主義」等帽子。尤其在還是以男性為主導的華人社會裏，教會應特別小心，切勿因維持功能的不同而導致男女不平等的情況，並要在不斷溝通之中，多聆聽姊妹們的感受。更重要的是，要知道聖經對事奉者性別的討論，遠遠不及關於他們品行愛心方面的教導那樣多和清楚，我們千萬不要陷落在法利賽主義的圈套裏，「從飲料中濾出一隻小蚊子，卻把一頭駱駝吞下去！」(太二十三24)。

希臘哲學提倡靈魂不滅，卻認為身體復活是可笑的（參徒十七32）。

在十五章，保羅處理一個嚴重的信仰問題。有些信徒**否認死人復活的事**（12節），並因而帶來道德的敗壞（32～34節）。保羅首先提醒他們，基督的復活是福音信仰的核心，且是證據確鑿的（1～11節）。保羅推論說，要是沒有死人復活的事，那麼基督當然就不曾復活了。這個結論是可怕的，因為如果基督沒有復活，使徒就是作假見證，信徒則仍在罪中，死後沒有盼望，這比世人更可憐（12～19節）。保羅指出耶穌的復活是一切信徒復活的保證（20～28節），他接著提出一些生活實踐上的例子，如信徒代死人接受洗禮和保羅他們為福音出生入死，從而說明這一切只有在復活的盼望的大前提下才有意義（29～34節）。若然沒有復活，何不今天有酒今天醉？

代死人接受洗禮大概是為那些未及受洗而死的信徒而設，明顯地，受洗者當然相信死者會復活，不然就是多此一舉了。保羅沒有詳細言明其中的含義，我們也不知他有否教導信徒這樣做。注意保羅的描述從「你們」變成了「那些」和「他們」，似乎表明這不是哥林多信徒或保羅一貫的做法。保羅提及代死人受洗，並非要鼓吹這種做法，他只是引用這例子來強調「死人復活」這信念的重要和實在。

至於十五章35至49節則反映質疑復活的人的設問：「死人……會有甚麼樣的形體呢？」保羅以種子為例，說明復活的身體雖然是舊有身體的延續，卻是遠比舊的身體美好和榮耀，因為現在的身體是與第一個人亞當同類，是屬於這個世界的，但將來的身體卻是與末後的亞當——即榮耀的基督——同類，是屬於天上的。最後，保羅帶出復活的含義，勸勉信徒努力事奉主，因為這一切都不會枉費（十五50～58）。

你通常是有計劃地奉獻，還是按一時的「感動」來奉獻？哪一樣更屬靈？

在信的結尾，保羅鼓勵哥林多信徒要有計劃地籌集捐款，接濟耶路撒冷的猶太信徒（十六1～4），並將他自己的行程安排告知他們（十六5～12）。最後，他舉薦一些教會領袖，並以問安和提醒作結（十六13～24）。

哥林多前書摘要

信息：保羅針對哥林多教會內部的問題，提出處理的方法，並教導信徒在敗壞的社會裏為基督而活。

作者：保羅

寫作日期：約公元54/55年

大綱

A. 感恩（一1～9）

B. 教會分門結黨的問題（一10～四21）

C. 兩宗教會紀律的問題（五1～六9）：

  a. 一個與父親其他的妻妾同居的信徒（五1～13）

  b. 信徒之間因財務的爭執而在法庭興訟（六1～8）

D. 基督徒的聖潔生活及淫亂的問題（六9～20）

E. 哥林多教會對性與婚姻的詢問（七章）

F. 吃祭過偶像之物的問題（八1～十一1）

G. 教會聚會時產生的問題（十一2～十四40）：

  a. 女人蒙頭（十一2～16）

  b. 聖餐（十一17～34）

  c. 聖靈恩賜與愛（十二1～十四40）

H. 嚴重的信仰問題：復活（十五章）

I. 結尾的話以及保羅鼓勵哥林多信徒要有計劃地籌集捐款（十六章）

6.2. 哥林多後書

6.2.1. 寫作背景和目的

據哥林多前書所載，保羅原定在訪問馬其頓之後，就會探訪哥林多教會，並計劃與他們共度冬天（林前十六5～7），但一連串的事故卻使他屢次改變行程。而哥林多前書和提摩太的探訪又未能肅清哥林多教會的歪風，相反，保羅與教會的關係更日趨惡化，於是，就迫使保羅一度速訪哥林多，但卻深受傷害而回。在哥林多前書，我們已看到有人質疑保羅使徒的權柄（參林前四18，九1～7），但這次速訪之後，情況更糟，會眾中竟然有人公開侮辱保羅，否認他是基督的代言人。整體來說，教會似乎袖手旁觀，未有支持保羅。

面對這惡劣的處境，保羅予以嚴厲的警告（林後十三2），之後，輾轉間到了以弗所，懷著悲痛的心情寫了一封「**流淚的信**」，託提多帶去（林後二1～11，七8～13），藉著文字來言情寄意，避免了另一次痛苦的正面衝突。在信中，他責備哥林多信徒沒有支持他，質問他們是否願意順服他使徒的權柄，並發出最後通牒，要求他們表態，處罰那惡意攻擊他的人。寫信後，保羅在亞細亞遭遇了一次臨近死亡的經歷（一8～9）。

有學者認為此信就是哥林多後書十至十三章或哥林多前書。不過，兩者與保羅對這封「流淚的信」的描述，實在有很大的差異，所以最可能的是，這封信也像那封「先前的信」（林前五9）一樣，已散失了。

保羅寫這信可不簡單！自己固然痛心疾首，也定然令哥林多信徒傷心不已，所以信送出後，保羅就開始後悔（七8）。不單如此，送信人提多的任務更是非同小可，如果哥林多人不接納保羅的責備，提多豈不如羊被送入虎口嗎？雖然保羅在特羅亞傳福音甚有果效，但他心裏還是念念不忘提

既然哥林多教會這麼麻煩，為何保羅不索性放棄他們，專心做特羅亞的工作呢？這樣豈不更能善用時間和更有成功感嗎？你認為保羅是否一個功利主義者？

多與哥林多教會。當他久候提多不至，便放下特羅亞的工作，往馬其頓去打聽提多的消息。

在馬其頓，保羅經歷了極多的內憂外患。但感謝上帝，提多終於和他會合，並帶來安慰的消息（七6～16）：哥林多信徒不單善待提多，更因保羅的信而痛改前非，重重地懲戒了那個中傷保羅的罪魁禍首（二5～11）。保羅喜出望外，就寫了哥林多後書，表達他的欣慰，嘗試修補他與教會間已受損的關係，重建彼此的信任，亦趁此良機提醒他們為救濟耶路撒冷貧苦信徒所作過的承諾。另一方面，他從提多得知教會還有些少數派對他諸多批評和詆毀，且又有一些外來的「超等使徒」（十一5）負面地影響了教會對保羅的看法，造成新的危機。所以保羅被迫在信中回應眾多的批評，表明自己事奉生命的風骨和權柄的所在。

正因為保羅與哥林多教會的關係是如此的錯綜複雜和恩怨相纏，保羅的感情經歷了無數的高山低谷，他的思路往往在激情中自由奔放。我們讀哥林多後書時，必須對以上所描述的好幾次探訪和書信往來等背景有基本的掌握，不然，就很難追隨保羅的思路，甚至會有雜亂無章和不知所謂的感覺。

寫出哥林多後書之後，保羅第三次探訪哥林多，在那裏逗留了3個月之久（徒二十2～3），在這期間（約1個冬季左右；約公元56～57年間），哥林多教會的問題大致上已圓滿解決，保羅有一段較平靜的時間，條理分明地寫下了偉大的羅馬書，對福音真理作一完整系統的闡釋。在羅馬書中，他亦提到亞該亞省（哥林多是首都）的教會樂意捐獻的事（十五26）。

以下順次列出保羅與哥林多教會的書信往來和造訪的次序：

❶ 保羅建立哥林多教會（約公元50年；徒十八1～18）
❷ 保羅寫「先前的信」（約公元54年；林前五9）
❸ 哥林多教會寫信給保羅（林前七1）；革來家的人（林前一11）和其他探望保羅者（林前五1，九3，十一18，十五12）的口頭報告（約公元54年）
❹ 保羅寫哥林多前書（約公元54/55年）
❺ 保羅到哥林多教會那次憂愁的探訪（約公元55年；林後二1～2，十三2）
❻ 保羅寫下那封「流淚的信」（約公元55/56年；林後二4，七8～12）
❼ 保羅寫哥林多後書（約公元56年）
❽ 保羅第三次探訪哥林多教會（約公元56年；林後十二14，十三1；另參徒二十2～3）

6.2.2. 內容

保羅在信首問安、祈禱及感恩後（一1～7），首先憶述他在亞細亞險死猶生的經歷（一8～11），藉此帶出一個貫穿整封書信的主題：「不能倚靠自己，只能倚靠那使死人復活的上帝」。接著，保羅解釋他之所以改變行程，不是由於自己反覆無常，而是為哥林多信徒著想，並給他們機會和時間悔改（一12～24）。當然，這些對保羅行程改變的批評，其實是很小器和吹毛求疵的，保羅大可以不必回答，但他卻詳細地向他們解釋，更藉此指出他所傳的福音是信實可靠的，因為基督絕不是「是而又非」（一19）的；相反，上帝一切的應許都落實在基督身上。既然保羅的人格與他所傳的福音相配，他也決不是反覆無常之輩。

保羅在前一封信（即那封「流淚的信」）中，要求教會處罰那侮辱他的人。現在目的已達，保羅甚表欣慰，不過他也提醒教會要寬恕這人，以免過猶不及，讓撒但有機可乘（二1～11）。

好些學者認為哥林多後書二章14節至七章4節是出自另一封信；有關哥林多後書的完整性，參下文專欄「哥林多後書的完整性」的討論。

保羅接著描述他從特羅亞到馬其頓找提多的經過（二12～13），但事情還未交代完畢，便好像離題萬丈地**花了近五章經文來討論他的事奉**，到七章5節才再繼續記述他到了馬其頓後與提多會合的事。這可能由於當他想起在馬其頓等待提多時所遭遇的患難，便不由自主地向上帝發出讚美，因為祂的恩典和能力偉大地彰顯於保羅那常常帶著軟弱的事奉上。

保羅強調，他之所以能夠事奉，完全是靠著上帝的能力，他實在一無可誇，只是忠心傳道而已（二14～17）。在哥林多教會，似乎有些外來的「使徒」帶著推薦信，高抬自己而低貶保羅，但保羅宣稱他不需要任何推薦信：哥林多信徒的生命就是保羅最好的推薦信，因為此信是由聖靈所寫的（三1～3）。這些外來的人可能刻意標榜自己的猶太身分和摩西舊約的重要性（參十一21～22），保羅卻指出新約的事奉是那賜生命的聖靈的工作，遠比舊約的事奉榮耀，聖靈也是使我們能夠明白舊約、得自由和榮耀的鑰匙（三4～18）。

以世人的標準看來，保羅的事奉不但毫無榮耀可言，更是充滿了軟弱和苦難，但保羅卻絕不灰心畏縮。他指出自己脆弱的身體，正是承載上帝寶貝福音的器皿，這恰恰證明了自己一切的成就，都是上帝大能的工作（四1～7）。不單如此，正如基督的受死帶來了復活和賜生命的能力，保羅也看自己為十字架信息受苦冒死，同樣能為別人帶來生命和恩典（四8～15）。保羅想到復活的榮耀時，便輕看現時的痛苦，堅定了自己那種視死如歸的勇氣，全心全意地討主的喜悅，以求在基督的審判台前坦然交帳（四16～五10）。基督的愛更常常激勵他，令他不計較任何的困難和危險，也不理會一己的得失榮辱，只忠心地傳那使世人與上帝和好的福音（五11～六10）。保羅說這一切正表明了他真的是上帝的僕人，他的論據似乎是，若非上帝的選召，又有誰會像他那樣赴湯蹈火，也在所不辭呢？

保羅為他的使徒職分辯護之後，便懇求讀者對他的愛有所回應，也提醒他們不要與非信徒同流合污（六11～七4）。之後，他就回到在馬其頓與提多會合的事，**重拾二章13節一度打斷了的思路**，他為提多所帶來的好消息而深感欣慰（七5～16）。既然保羅已重獲教會的信任，他便順理成章地提起賙濟耶城信徒的事（八～九章）。哥林多教會決定發起這募捐已有1年了（八10，九2），保羅在哥林多前書十六章已經給了他們清楚的指示，現在應該是他們履行承諾的時候了。

保羅書信的一個特色是他不時會岔開話題，這情況在後書特別顯著。不過，也有人認為六章14節至七章1節是從另外一封信插進來的，所以破壞了六章13節到七章2節的思路。

哥林多信徒似乎對捐獻不大熱心，迫使保羅苦口婆心，多方催促他們有所行動。首先，他以馬其頓教會犧牲奉獻的榜樣作為激勵（八1～8），更指出基督自己的榜樣：他成為貧窮，使我們成為富足（八9）。然後，保羅引用以色列人在曠野領受嗎哪時得到平均分配為例（八15），説明基督徒也應互相幫補，以達到整體的均平（八11～14）。接著，保羅就引薦所打發去收集捐獻的提多和兩位弟兄，並交代一些程序和監察的事宜，務求避免有中飽私囊之嫌（八16～24）。

保羅可能恐怕哥林多信徒依然不願慷慨解囊，所以又再游説他們。保羅説他已經向馬其頓人誇獎哥林多教會是何等樂於捐獻，所以他們千萬不要只説不做，令他愧無面目見人（九1～5）。保羅又列舉了一連串理由，説明甘心樂意的捐獻不單可以幫助有缺乏者，也會為捐獻者本身帶來屬靈的福分，而最重要的是，上帝可以因此得到榮耀和稱讚（九6～15）。

保羅大力鼓勵哥林多教會為耶城信徒慷慨捐獻，卻誓死不接受教會對他個人的經濟支持，你認為有矛盾嗎？保羅這做法如何反映他的為人？

在一至九章，保羅一度為自己的事奉申辯，消除教會對他以及他所傳信息的誤解，並懇求他們對福音有正確的回應，基本上，他的語氣是欣慰和正面的。不過，到了十至十三章，保羅的矛頭轉向那些從外面滲入哥林多教會的假使徒，他的語氣也隨即變得嚴厲和尖銳，充滿了譏諷謾罵，並極其激動地自我辯護。

哥林多後書的完整性

保羅在哥林多後書不時突然轉變話題，例如二章14節至七章4節和六章14節至七章1節這兩段經文，都似乎是打斷了上下文的思路；至於十至十三章，保羅的語氣更與前面章節截然不同，既不自然、也毫無和諧可言。因此，很多學者認為後書是由幾封不同的書信穿插或拼湊而成，而不是一封完整的書信。

這些學者否認後書的完整性，絕不是無的放矢的，然而，他們的結論也面對不少的困難。首先，在所有現存的抄本和古代譯本裏，這些所謂插段或個別的書信都在現時哥林多後書的位置出現，卻從未獨立地出現過。此外，這些學者必須假定，那個編輯哥林多後書的人刻意將所插入信函的信首和信末的問安祈禱和感恩等部分刪去或合拼了。換言之，編輯者一定花了好些功夫，不是隨便拼湊的。若是這樣，為何又弄得如此不自然和不和諧呢？最後，在所有早期教會的文獻裏，並沒有任何迹象顯示後書的分割，它們都以後書為一封完整的書信來閱讀和理解，這大概仍是最合理的看法。哥林多後書語調與主題的明顯轉變，可能是因為保羅針對不同的對象，將最難以啟齒的話留到最後，或寫了九章後聽到了新的壞消息而有所回應，也可能是因為他寫作時的激昂情緒或其他因素所致。

因為在哥林多前書並沒有這些敵對者活動的迹象，所以他們大概是新近來到哥林多教會，並帶著其他教會（可能是耶城教會）的推薦信而來（參三1～3）。

從保羅在十至十三章的回應看來，**與他敵對的是一羣耀武揚威的「假使徒」**（十一5、12～13）。他們以自己的猶太背景為榮（十一22），注重外表和口才（十10，十一5～6），高舉異象、啟示（十二1）和行神蹟異能（十二11～13）等令人眩目的恩賜，並自稱為基督的僕人，大膽地使用這職權來奴役信徒（十一20～21、23）。

這些人詆毀保羅的誠信，與教會中反對保羅的人拉攏，指稱保羅是懦夫，取笑他寫信時雖有雷霆萬鈞之勢，但見面卻是膽小如鼠，全無聲威（十1、10）。他們說保羅以屬世的動機和方法行事（十2），常常自誇（十8、15～16），然而，他根本不是使徒，故沒有使徒的權柄（三1，十一5，十二11～12）。他們又指保羅不接受哥林多教會的經濟支持，反而從事勞動工作，是自貶身分的做法（十一7）。不單如此，他們更惡意中傷保羅，說他骨子裏是一個貪財的人，表面上不接受教會的供給，其實是掩人耳目，暗地裏卻在信徒的捐獻中取利（十一8～10，十二13～18）。他們甚至挑撥離間，說保羅厚此薄彼，寧願接受馬其頓教會的支持，這證明他不愛哥林多信徒（十一11，十二13、15）。哥林多教會似乎有不少人為這些假使徒所動，對保羅產生懷疑，更接受了他們的「另一種福音」（十一1～4），並可能因而導致道德上的敗壞（十二20～21）。

面對這種種抨擊，保羅首先堅稱自己的職權是基督所賜的，就是要誇口也不為過分（十8），不像那些批評他的人只懂得自吹自擂（十18）。他在信徒當中之所以如此謙和，不是因為他沒有權柄，而是希望用這權柄去服事他們，而不是威壓他們。但如果迫不得已，他再來到教會時，必會毫不猶豫地用這權柄懲罰那些不順服的人（十2～6；另參十三1～4）。

接著，保羅強調他不接受哥林多信徒的資助無非是基於愛他們的緣故（十一7～11，十二15）。保羅指出那些「超等使徒」其實是假使徒，傳假的福音，但因為教會受他們的誇耀所迷惑，所以迫使保羅也要像他們一樣地狂妄自大，並與他們比較（十一1～15）。他指出自己無論是在資格或經歷上，絲毫也不遜於他們，甚至有過之而無不及（十一16～十二10）。保羅本身並不喜歡炫耀自己的屬靈經歷，甚至被提到樂園裏這樣奧祕

在講見證時，你強調的是自己的成就，還是上帝的恩典呢？又有否藉述說上帝的恩典為名，急不可待地誇耀自己最近的屬靈經歷？

的經歷，他14年來也是三緘其口，只是到此時才情不得已地透露出來（十二2～5）。然而，每每在保羅提到一些可誇耀的經歷時，他總是不期然地將焦點轉回自己的軟弱上來，例如在大馬士革落荒而逃（十一27～33）、和肉體上所背負的刺（十二7～10）。這表明在保羅心底的信念裏，真正可誇的，只是上帝在保羅的軟弱裏所彰顯的恩典和能力。

這種進到天上榮耀的奇遇，並非是保羅獨有的，舊約一些偉大的先知如以西結（結一章）或但以理（但十章）也曾經歷過。在兩約之間一份名為《摩西啟示錄》的猶太文獻裏，也提及天使長米迦勒曾使亞當升到樂園，直達3層天。保羅在整段經文中都採用第三人稱來描述，大概是故意不想令人將注意力過分集中在保羅自己身上。

保羅竟然在一羣反對他的人面前訴說心事，表白自己對教會的深情。在這怕受傷害、只求表面應酬，不求深入溝通的世代中，你如何突破自己，與弟兄姊妹建立推心置腹的關係？

保羅更要申訴他的冤屈：他在哥林多信徒中的行事為人是有目共睹的，理應受他們稱許維護才是，但現在卻反要像一個狂人一樣為自己申辯（十二11～13）！面對那詭詐騙財的指控，保羅實在義憤填膺，以一連串的反問來辯明自己和同工的清白（十二14～18）。

保羅重申他的愚妄自誇是迫不得已的，為要使哥林多信徒在燦然可觀的事實面前明白他的確是基督的代言人，並接受他的警告而遠離惡事（十二19～21）。保羅即將第三次探訪哥林多教會，到時可能會迫於無奈地嚴懲他們，所以現在先給他們一個心理準備，好叫他們及早反省自己的信仰生活和與基督的關係，到大家見面時，保羅就能夠用基督所賜的職權來建立他們，而不是拆毀他們（十三1～10）。最後，保羅以祝禱問安作結（十三11～13）。

哥林多後書摘要

信息：保羅為自己的使徒身分作出申辯，並剖白他對教會的愛與關懷，且教導信徒過彼此相愛和合一的生活。

作者：保羅

寫作日期：約公元56年

大綱

A. 感恩（一1～7）

B. 保羅為自己的事奉申辯，消除教會對他和他所傳信息的誤解，並懇求他們對福音有正確的回應（一8～七16）：

  a. 在亞細亞險死猶生的經歷（一8～11）

  b. 保羅為個人的言行作解釋（一12～二13）

  c. 保羅職事的性質（二14～六10）

  d. 對哥林多信徒的勸告（六11～七4）

  e. 保羅對哥林多教會與他修復關係表示欣慰（七5～16）

C. 賙濟耶城信徒的事（八～九章）

D. 保羅為自己的使徒職分辯護（十～十三章）

6.3. 哥林多書信的信息：十字架的信息

哥林多書信顯示了當地教會極其多而複雜的問題，但歸根結底，哥林多教會的問題是因信徒對十字架的信息未有深切了解和實踐所致。

對希羅世界的人來說，基督教是荒謬絕倫的，因為它敬奉一個釘在十字架上的罪犯為救主。在今天「十字架」被美化、神聖化、甚至商業化的社會，基督徒很難領會在耶穌時代的人們對十字架那種厭惡和鄙視的反應。在希羅世界裏，釘十字架是最殘酷和下賤的刑罰，為要公開地剝奪被釘者的一切尊嚴。罪犯先受盡戲弄，被脫去衣衫，打得遍體鱗傷。在十字架上，蒼蠅會環繞著血迹班班、並因身體機能失控而糞便齊流的垂死者。試問，這樣的一個無能無助的死囚，能夠是猶太人的彌賽亞及世界的救主嗎(林前一23～24)？

據考古發現，在一個古羅馬學堂的牆壁上有塗鴉的畫像，譏笑基督徒崇拜釘十字架的基督。畫中少年人正在膜拜一個驢頭人身、釘在十字架上的怪物。畫下寫著：「亞歷山文洛在拜他的神！」

從世界的觀點來看，「釘十字架」的「救主」是自相矛盾的。為了使福音配合世人的思想和價值觀的架構，我們很容易扭曲了這福音的本質，使福音的能力蕩然無存(林前一17)。罪的本質就是人違背上帝的心意，自以為神，結果更將基督釘上十字架(二8)。但福音正是要拯救我們脫離這個以人為中心的罪。如果我們可以用屬世的邏輯或技巧使福音變得「合理」和滿有說服力，那麼，一個人信主與否，就很在乎講者或聽者的知識智慧了。這樣，人就有可誇耀的地方，這也就僭奪了上帝應得的榮耀，與福音的目的剛好背道而馳(一31)。

十字架的道理看似愚拙，卻是上帝智慧的彰顯，使人不能自救自誇(林前一21)。人所不懂、不能做、不能想像的救恩，聖靈卻藉著人看為愚拙的信息白白地賜給信徒(二6～12)。惟有上帝才有這樣的智慧，也惟有祂才配得一切的榮耀。早期教父特土良論到福音時有一句名言：「正因為它是荒謬，所以更是可信。」意思就是十字架的信息不可能出於自以為聰明的人類，除非它是出於上帝，否則，無人能夠想出這樣「荒謬」的方法來拯救世人。

其實，上帝愛世人，為一班背叛祂、既不可愛、也不值得愛的世人捨去自己所愛的獨生子，這又何嘗不是荒謬呢？

一個貫穿哥林多書信的思想，就是當信徒藉著聖靈接受了釘十字架的救主時，就同時否定了這個世界的智慧、標準和價值觀。他們成了新造的人，要用全新的眼光看基督，看自己，看世界(林後五16～17)。我們無須離開世界，但卻不能再漫不經心地接受世界的思想和做法，並將世界帶進教會裏(林前五9～11，三1～3；林後十3～5)。在這方面，哥林多信徒反映了很多世界的影響，而保羅的生命，卻是十字架信息具體化的流露。因此，我們可以看到不少強烈的對比，例如：

- 世界高舉人的知識、教育程度、身分；保羅卻強調從上帝而來的聖靈能力(林前二章；林後三章)。
- 世人注重人的表現，喜歡自我標榜，追求炫目的恩賜和動人的口才，將最好的一面示人；保羅卻著眼於信徒的信心和愛心，並強調自己的軟弱，好讓人看見上帝的恩典工作(林前十二1～3，十三章；林後四1～7，十一23～29)。
- 在這適者生存的世界，弱者自然被淘汰，而人們總是擁戴成功者；但保羅卻處處為弱者的利益著想(林前八9～13)，他不但堅持軟弱的肢體是不可少的(林前十二22)，更甘願與他們認同，自己成為弱者(林前九22；林後十一29)。
- 世界鼓吹個人自由，保羅卻以他人和羣體為重。從消極方面而言，他能夠為別人的緣故而放棄一己的自由(林前九19～22；林後六3～4)；從積極方面而言，一切恩賜和權柄的運用也不是為個人的榮譽聲望，而是以造就教會為大前提(林前十四章；林後十8，十三10)。
- 世人追逐名利，喜歡受人稱讚；保羅卻視名利如糞土，更有橫眉冷對千夫指的氣概，甘願為主作狂人(林前四9～13；林後五13，六8～10)。

其實，保羅無意低貶恩賜知識或神蹟異能，這一切都是上帝所賜的恩典，也是為了福音的緣故。但如果我們反客為主，一味高舉恩賜，並引以為傲，就無疑將世界帶進教會，使教會變成四不像。帖城信徒有的只是令世人望而卻步的貧乏和逼迫，卻因為單純的信、愛、望而成為了模範教會，使福音廣傳；而哥林多教會盡攬世人欣羨的恩賜和富足，卻完全缺乏屬靈的見證和能力。今天教會很容易受世界迷惑，注重外表的吸引，追求炫目的恩賜技巧，將福音理性化、明星化、商業化，並以市場研究為主導，遷就世人的喜好，務求一切以「使用者方便」(user-friendly)為原則；卻往往忽略了聖靈的能力、聖潔的生活、犧牲的愛心、患難中的堅忍忠貞和軟弱憂傷中的事奉。十字架的信息，正是今天教會極需要的當頭棒喝及苦口良藥。

溫習問題

1. 保羅的生命如何具體流露十字架的信息？有人說只有弱者才需要宗教信仰，你怎樣回應？
2. 十字架的信息與世界的思想有何不同？你認為今天的基督教會在哪方面實踐了這十字架的信息？在哪方面卻違背了？
3. 哥林多信徒的個人主義在甚麼地方顯露出來？這對教會造成了甚麼傷害？（參林前一10～四21）
4. 哥林多信徒為何批評保羅？保羅如何以父親的心腸來勸勉他們？（林前一～四章）我們應否評論屬靈的領袖？
5. 教會紀律的設立有何目的？這與包容一切的愛有矛盾嗎？（林前五章）你認為如何可在縱容與過分嚴厲之間取得平衡？
6. 保羅對性與婚姻有何教導？（參林前七章）如今時移勢易，他的教訓還適用於今天嗎？
7. 哥林多信徒在生活上有何妥協的地方？（參林前五、八章）你曾為信仰的緣故而寧願受損失，也不隨波逐流或同流合污嗎？
8. 保羅對捐獻有甚麼教導？（參林前十六章；林後八～九章）今天教會應否發起（賑災）籌款？是否所有籌款的方式都是正確的？
9. 哥林多信徒對身體性欲方面有甚麼錯誤的看法？（參林前六9～20，七章）保羅對身體復活的教導如何改正這些看法？身體復活對我們今世的生活又有甚麼意義？（林前十五章）

第七章

主要書信（二）：加拉太書和羅馬書

- 加拉太書
- 羅馬書
- 加拉太書及羅馬書的信息

加拉太書被譽為基督徒自由的宣言和憲章，尤其在16世紀宗教改革運動中更扮演了極其重要的角色。馬丁路德宣稱：「加拉太書是我的書信、我的愛妻」。藉著加拉太書，他喚醒了信徒離開一個倚靠行為的救贖論而重新回到基督的恩典中。

羅馬書在基督教歷史裏的影響力更是無與倫比。「一道明光泛溢我心，所有疑惑的黑暗都消失淨盡」——奧古斯丁一語道盡了羅馬書對無數教會先賢的震撼力。博大精深的神學，內存了改變生命和為上帝成就偉大事工的力量，使羅馬書與歷代教會的每一次大復興結下不解之緣。

毫無疑問，加拉太書和羅馬書是保羅書信裏最重要的作品，是了解保羅神學思想的鑰匙。因此，我們會用較多的篇幅來討論它們。這兩封書信的寫作日期大概相差不遠，有很多相同的主題，如全世界都在罪的權勢下、行割禮和律法不能使人稱義、基督徒像亞伯拉罕一樣因信稱義，此外，同樣提及信徒與基督的聯合、上帝兒女的名分、在聖靈裏生活的重要、聖靈和肉體的爭戰，以及完全了律法的愛等等。然而，兩封書信的寫作處境和修辭卻大不相同。加拉太書是保羅在情急氣憤中寫給他親手所建立的教會的，措辭極其率直和激烈；而羅馬書卻是保羅心平氣和地寫給與他素未謀面的教會的，措辭是他所有書信裏最有禮貌和客氣的一卷。

7.1. 加拉太書

7.1.1. 寫作背景和目的

加拉太書的讀者原本是信奉異教的外邦人（四8）。雖然保羅只是因為患病的緣故而偶然有機會向他們傳道，他們卻很熱誠地接待保羅

(四13～15),以信心領受了福音,並經歷到聖靈的大能(三1～5)。保羅對他們的表現非常滿意(五7),並**曾經再探望他們(四13)**。然而,不久之後,加拉太教會卻陷入了前所未有的危機。

保羅在四章13節提到「初次」,似乎表示他不止一次與加拉太人會面。

雖然哥林多教會的問題曾經令保羅嘔心瀝血,但其嚴重性始終未關係到教會的生死存亡。反觀加拉太教會,卻已是危在旦夕。在保羅的書信中,只有加拉太書略去了信首的感恩部分。保羅單刀直入地指責加拉太信徒這麼輕易就離棄了基督(一6),他質問他們:「無知的加拉太人哪,誰又迷惑了你們呢?」(三1)他嚴肅地一而再詛咒一切傳另一種福音的人(一8～9),甚至嘲諷他們:「我倒希望那些擾亂你們的人自己去閹割!」(五12)究竟是甚麼令保羅如此怒火中燒呢?

還記得嗎?保羅曾與**猶太主義者**就外邦信徒受割禮的問題上有過激烈的爭論,並因而引發了耶路撒冷大公會議的舉行。初代信徒都是猶太人,在他們的理念上,猶太民族是亞伯拉罕的子孫,是上帝的選民,所以外邦人要承受上帝對亞伯拉罕的應許,成為上帝選民的一分子,就必須接受割禮——上帝與亞伯拉罕立約的記號,並遵守一切猶太的傳統。然而,使徒行傳讓我們看見,上帝藉著一連串的奇妙帶領——特別是保羅在外邦人中傳道的成果——清楚表明外邦人得以蒙上帝接納,完全是倚靠耶穌在十架上所成就的恩典,他們無須先成為猶太人,才可以成為基督徒。

「猶太主義者」,一般指堅持和信奉猶太主義的基督徒,但要留意的是,在初代教會裏,基督徒與猶太教徒之間根本沒有明確界分(基督信仰與猶太教之間也尚未明確界分),在當時的基督教會裏,一定混雜了許多猶太教徒,他們是否真的是基督徒?實在難以界定。

在耶路撒冷的會議(參下文7.1.2.專欄「保羅與耶城教會領袖的咨詢」的討論)中,經過一番激烈的辯論後,使徒們和教會領袖肯定了保羅對救恩的理解和他向外邦人傳福音的合法性,使福音從猶太律法的體系中得以釋放出來。照理,保羅應該可以無後顧之憂地繼續他的宣教工作。

可是，根深蒂固的成見絕非一次會議便可清除淨盡。在會議辯論中落敗（或沒有參與會議）的一些猶太信徒，在以後的日子常不顧大會的協議，或是陽奉陰違，在各處教會中重申他們的主張，堅持行割禮和守律法的必要性。

初代教會經過不少時間的反省、調整和掙扎，才漸漸明白上帝救贖外邦人的心意和方法。這些猶太主義者未能立時認同保羅的見解，本來是情有可原的，因為他們覺得自己祖宗的傳統受到嚴重威脅，因而要奮起衞道，熱心地宣揚猶太律法。然而，使保羅憤怒的是，這些人罔顧耶城大會的協定，為達目的，不擇手段，趁保羅不在時，就卑鄙地乘虛而入。他們向加拉太教會宣講另一套福音：單憑信靠基督耶穌仍不足以得救，若要得以完全，必須接受割禮和守猶太教的律法。這些人更無所不用其極地破壞保羅的名譽，為要徹底地摧毀他的福音工作。他們大概這樣說：「保羅根本不是一個真正的使徒，也從未由耶穌直接領受信息。他所知的福音只不過是從耶路撒冷教會領袖學來的二手資料，但他後來卻成了一個叛徒，將這福音歪曲了，甚至膽敢與使徒彼得對抗。這傢伙為了贏取外邦人的歡迎，竟然將上帝在（舊約）聖經的要求降低，傳揚一個打了折扣、廉價和殘缺的福音！」

猶太主義者這樣做，不但全盤否定了上帝對保羅作外邦人使徒的呼召和任命，更嚴重的是歪曲了福音的真理，影響了福音的恩典本質。

在信主之後，你有沒有曾因自己不能持守聖經所要求的生活標準而懷疑自己尚未得救？又或曾嘗試恪守一些聚會禮儀來維持救恩？

如果主耶穌在十字架上為人類所作的一切還不足夠，如果上帝的恩典還要加上人的作為，那麼，基督的死就是徒然，恩典也不再是恩典了。

不幸的是，這樣錯誤的教導竟獲得加拉太信徒的普遍認同。他們開始恪守猶太教的「日子、月份、節期、年份」（四10），並對保羅產生了敵意（四16）。如果他們進一步接受割禮作為得救的條件，則整個福音就被征服在摩西律法之下，保羅以前在他們當中的工作就全都落空了（四11，五2）。他們正瀕臨離棄基督、從恩典中墜落的邊緣。面對如此險境，保羅要力挽狂瀾，搶救教會的靈魂，就急不暇擇，顧不及客氣了。

加拉太書的收信人及寫作日期

加拉太書的收信對象是一個在學術界爭論不休的問題。「加拉太」可以被理解為一個行政省分或一個地理區域，而這不同的理解亦分別促成了「南加拉太理論」和「北加拉太理論」。這問題的重要性其實並不在於它本身對加拉太書的解釋有甚麼影響，而是在於它所牽涉到的歷史問題，特別是：加拉太書二章1至10節（保羅與耶城教會領袖的商討）與使徒行傳十五章（耶路撒冷大公會議）是否指同一件事？如果是的話，我們便能夠在解釋加拉太書二章時，以使徒行傳十五章來作補充資料。

按「南加拉太理論」，「加拉太」指羅馬加拉太省分的南部城鎮（包括以哥念、路司得、特庇）。保羅在第一次宣教旅程時在那處建立了教會（徒十四章；約公元47年）。因此，加拉太書是寫於第一次宣教旅程之後，寫作日期可以是在公元48至56年間的任何時間。很多福音派學者認為加拉太書可能是保羅書信中最早成書的一卷，寫於耶城會議（發生於公元49年）之前。按此，加拉太書二章就不可能是耶城會議的描述（因為還沒有發生），而是有關保羅和巴拿巴在較早前將安提阿的捐款送抵耶路撒冷時的情形（參徒十一27～30；公元45/46年）。然而，也有不少持南加拉太理論的學者認為加拉太書二章所描述的正是耶城會議的事，因此，加拉太書是在耶城會議之後才成書的，約是公元50年代初期或中期的作品。

按「北加拉太理論」，「加拉太」指地理上，小亞細亞（今日的土耳其）中部以北的加拉太古國（源自高盧）。根據使徒行傳十六章6節所載，保羅在第二次宣教旅程期間，似乎在那裏建立了教會，並在第三次宣教旅程中再度探訪他們（十八23；約公元53年）。按這理論，加拉太書是寫於第三次宣教旅程開始之後，寫作日期可以是在公元53至56年間，但一定是在耶路撒冷會議（約發生於公元49年）之後，而加拉太書二章和使徒行傳十五章所描述的就是同一件事。

正因南、北加拉太理論都有各自的論據，所以始終難下定論。但如前所述，比收信對象和寫作日期更重要的問題是，加拉太書二章1至10節與使徒行傳十五章的關係。因為這問題的答案在某程度上會影響我們理解保羅與耶城教會領袖的關係，且觸及一些較敏感的歷史問題，如使徒行傳的歷史可靠性等。可幸的是，保羅在此書信中的基本論點是清楚的，即使不能重構完全確定的歷史背景，也無礙其理論的闡發。

基本來說，無論就地點、人物、事件和事發年期來說，使徒行傳十五章與加拉太書二章的記載都很相近。因此，儘管兩者在表達上略有出入，早期教會傳統和現代大部分學者都認為它們是指同一件事，這亦是本書的立場。

綜合各方面的證據，特別是加拉太書的主題和用字與羅馬書及哥林多書信都有不少相同的地方，但與帖撒羅尼迦書信(兩封保羅的早期書信)卻沒有多少共通點，因此，我們認為加拉太書的成書年期不會太早，大概應是公元50年代中期的作品，即與哥林多書信和羅馬書同期，但當然，我們也不排除其他寫作日期的可能性。無論如何，因為主題的相近，為便於理解的緣故，我們就將加拉太書與羅馬書一併討論。

7.1.2. 內容

保羅將「藉著人」和「天使」(一8)與「藉著耶穌基督」(一1)作對比(參《和合本》)，反映出耶穌的身分遠超凡人和天使，暗示了耶穌的神性。

在信首的問安語裏，保羅就立刻回應「猶太主義者」的攻擊，帶出了貫徹整封書信的兩個相關主題：他的使徒身分和他所傳的恩典福音。保羅首先強調他的使徒職分不是出於人，而是直接從基督領受的**(一1～2)**，繼而指出我們得救是基於基督的死所帶來的恩典代贖(一4)，換言之，就不是靠行律法而得救。

保羅略去了他一貫在書信裏為讀者的感恩語，卻立即言辭激烈地責備加拉太信徒那麼輕易就離棄基督，接受了另一個與保羅先前所傳不符的「福音」。保羅甚至詛咒所有傳這種「福音」的人(一6～

9），因為一切為了遷就人意而將福音改變的人都不是上帝真正的僕人（一10）。

保羅用了近兩章的經文，以自傳式的手法來表明他所傳的福音不但直接由耶穌基督啟示而來，且是基督親自授權的。他指出自己從前在猶太教中原是個有超凡造詣的狂熱分子，並曾積極地逼迫教會，但後來卻完全轉變過來，並在外邦人中傳揚基督。這巨大的改變，絕不是人力所能為，而是出於上帝主權的揀選和呼召，正如上帝在耶利米未出母腹以前便揀選了他為先知一樣（一13～16；參耶一5）。換言之，他之所以否定猶太律法作為得救的條件，亦不可能基於他自己的背景所使然，而是實在出於上帝的心意。

保羅強調自己與使徒們的接觸極其有限，他蒙召3年後才與彼得初次會面，且僅僅相處了15天；而當時猶太省各教會對他的認識也十分有限（一16～24）。過了14年後，保羅才再到耶路撒冷會見當地的教會領袖，這也不是出於他自己的本意，而是遵照主的啟示（二2）。這些都證明他所傳的福音絕不是從耶路撒冷的使徒們那裏學來的二手資料。既然恩典的福音不可能來自他過去的猶太教體驗，也不是來自耶路撒冷的使徒們，那麼，它肯定是直接來自上帝。

不過，保羅所強調的這個獨立而直接從基督領受的福音，其實與耶城教會領袖所傳的並沒有衝突。相反，耶城領袖都認同他的福音，大家的分別只是在於事奉的對象和範圍而已。

保羅與耶城教會領袖的咨詢

有關「耶路撒冷會議」的詳細討論，參《風起雲湧的初代教會——使徒行傳析讀》9.1「耶路撒冷會議」。

「耶路撒冷會議」的起因是一些耶路撒冷猶太主義者，當中有些還是法利賽人（十五5），他們眼見安提阿教會的人數愈來愈多，於是來到他們中間提醒他們，外邦信徒必須受割禮，並遵行摩西律法及相關的猶太人習俗，才能與猶太人一樣，成為上帝的子民。這意味著外邦人如果要接受耶穌基督，成為基督徒，必須首先成為一個猶太教教徒。從個人層面來看，信了主的外邦人需要守的不單單是割禮，還有所有寫在律法書上、以及沒有記在律法書上但卻屬於口述流傳的律法。

在耶路撒冷，保羅先私下與彼得、約翰和耶穌的兄弟雅各等會面（二1～2；參徒十五4），分享他的宣教傳道經歷。這些耶城教會領袖起初可能因為猶太主義者的影響，傾向保守而對保羅施加壓力，並曾要求隨行的提多接受割禮（二4）。保羅回想當時的情況時，心情極其激動，所寫的文句（在原文）根本不成章法，並語帶譏諷地稱他們為「被認為有名望的領袖」，並說「他們地位高低，我不在乎」（二6）。後來，因著保羅的堅持和爭辯，並因著他們聽見上帝在外邦人中的奇妙作為，他們才漸漸願意接納保羅的主張，同意外邦信徒無須行割禮和遵守猶太律法。這決定亦立即體現在外邦信徒提多身上，他並沒有被勉強受割禮（二3）。

不單如此，使徒們更向保羅和巴拿巴用右手行相交之禮（《和合本》二9），肯定保羅作為外邦人的使徒，正如彼得是猶太人的使徒一般。使徒們惟一的要求是保羅要繼續紀念貧窮的信徒（二10）。這證明了保羅傳給外邦人的恩典福音是受耶城使徒們所認可，絕不是一種歪曲或殘缺的福音。

接著，保羅刻意重提在安提阿與彼得衝突的事件（二11～14），這衝突容易令人誤會保羅所傳的福音與彼得的不符，這也成為了猶太主義者攻擊保羅的原因。因此，保羅特別指出當彼得初到安提阿時，不但沒有反對他所傳的福音，甚至用行動支持，與保羅一樣與外邦人自由交往，並沒有甚麼隔閡。可見他們兩人之間的衝突，並不是由於他們所傳的福音有甚麼分歧，只是因為彼得在行動上前後矛盾，未能貫徹彼此所協定的福音原則。

彼得在安提阿

耶路撒冷會議決定外邦基督徒只需遵守4條禁戒，而猶太基督徒則似乎理所當然地繼續奉行摩西的律法，但會議並沒有清楚交代猶太與外邦信徒一起用膳交誼的問題。如果猶太信徒按照對律法較狹義的解釋，便不能與外邦人同枱用膳（據猶太文獻所示，不同時地的猶太人對這問題均有分歧）。若是這樣，外邦信徒仍如不被接納為上帝大家庭的一分子。

彼得到安提阿時，最初也像保羅一樣相當開放地與外邦人一同用膳（二12），表示他接納和願意與他們交往，正如他曾在哥尼流家所做的一樣（徒十一3）。但及至幾個來自耶路撒冷的保守信徒出現時，彼得便因為他們的壓力而離席，避開外邦信徒。巴拿巴和其他猶太信徒也受彼得的影響而紛紛離席。保羅見狀，就毫不猶豫地當面斥責彼得。因為這種前後矛盾的行動，實質上是重新建造保羅先前所拆毀的，等於向外邦人宣告稱義始終還是要根據猶太律法。外邦人還是必須先成為「猶太人」，才可以被接納為主內的肢體。若是這樣，基督就徒然死了（二15～21）。

保羅沒有交代事情怎樣了結。我們不知道彼得和巴拿巴當時有否立刻認錯，也不知道這事有否影響了保羅與巴拿巴或安提阿教會的關係；不過，安提阿教會後來對保羅在宣教上的支持卻似乎大不如前，我們不知道這兩件事有否必然關連。

保羅回答了猶太主義者對他的人身攻擊後，便轉而辯明他的福音，特別是因信稱義的真理。

首先，保羅呼籲加拉太人回想他們在基督裏的經歷（三1～5）。他們領受了上帝的恩典和聖靈的能力，看見神蹟奇事，完全是因為信服福音，而不是因為遵行律法，為何現在好像**著了魔**一樣，無知地去倚靠自己的能力，使以前寶貴的經歷歸於徒然呢？

三章1節的「迷惑」在原文有「中了妖法」的含義。

保羅引用舊約經文，證明上帝的心意，是要外邦人像亞伯拉罕一樣因信稱義，而不是靠行律法（三6～18）。在上帝透過摩西頒布律法

根據猶太傳統，上帝是藉著天使和偉大的領袖摩西頒布律法(參徒七38、53；來二2)。猶太人認為這表示律法的榮耀，保羅卻指出上帝對亞伯拉罕的應許更偉大，因為應許是上帝親自賜予的，無須經過中間人。

之前，就早已與亞伯拉罕立了約，這表明**亞伯拉罕的約比律法更基本**，斷不能被430年後才出現的律法推翻。但假如後人可以靠律法來承受產業，就等於將上帝先前對亞伯拉罕所作的恩典應許廢掉了。況且，律法其實只能帶來詛咒及懲罰，因為沒有人能完全遵守律法而得救。但基督之死卻承擔了律法的詛咒，將我們從律法及其詛咒中釋放出來，使我們可以因信而成為亞伯拉罕的後裔，承受上帝應許給他的福分。

如果亞伯拉罕的應許比律法更基本，那麼律法豈不是多餘嗎？保羅的答案是，律法有預備性和暫時性的功用，預備基督的來臨(三19～25)。律法是為了過犯而加添的，並非應許的一部分。它不能帶來拯救，卻可以顯明罪惡過犯，使人意識到他們沒有能力自救，因而歸向基督(三19、22)。

在律法之下的人就像小孩子，既處處受到監管和約束，又未能承受產業，可謂與奴僕無異。但基督卻帶來了信心的新時代，使一切信靠他的人成為自由的成年人，亦即成為上帝的兒女、亞伯拉罕的真正後嗣。不單如此，當我們與基督聯合時，彼此亦已經合而為一，就不應再有種族、階級和性別之分了(三26～四2)。

既然上帝已經差遣他兒子的靈進入加拉太人的心，證明他們作上帝兒女的名分，使他們得享兒女的自由，他們為何還要甘受律法的奴役呢？這豈不是與受那些不是神的異教神明所奴役一樣愚蠢嗎？若是如此，他們就等於重回異教的生活，保羅從前在他們當中的福音工作就全都落空了(四3～11)。

假若你一手帶領歸主的弟兄卻因受異端信仰的迷惑而離開教會，甚至與你反目，你會如何幫助他回轉？

當保羅提到從前的福音工作，便想起加拉太信徒從前是何等熱誠地接待他，但現在卻是忠言逆耳，甚至反目成仇。他懇求他們回想昔日的情誼，不要受他人離間。

保羅說自己寧願再受生產之苦，也要將他們重新模成基督的形狀（四12～20）。

保羅總結他的辯證，以亞伯拉罕的兩個兒子和他們的母親，代表了兩個屬靈原則：奴役和自由（四21～31）。女奴夏甲的兒子以實瑪利代表那些循著自然而生、被束縛在律法下的人；這代表著一種憑藉己力，無須上帝介入的宗教。自由女子莎拉的兒子以撒，則代表一切基於上帝的應許而成為自由兒女的人；這代表著一種憑藉恩典、完全倚靠上帝介入的信仰。正如那循著自然而生的後裔迫害那**由聖靈所生的兒女**，現在猶太主義者也同樣攪擾加拉太信徒。但上帝最後一定趕走那些人，好讓自由的兒女承受產業（四30）。

因為我們所領受的聖靈是上帝兒子的靈，所以保羅在四章6節便已將聖靈和上帝兒女的名分連起來了。

基督已使加拉太信徒得以自由，他們如果接受割禮，就是重作奴隸。保羅呼籲他們正視接受割禮的後果：他們要遵守全部的律法，並與基督切斷了關係，自絕於上帝的恩典（五1～4）。保羅對那些迷惑他們的人的譴責，是不留情面的（五7～12）。

原文是「藉著愛作彼此的奴隸」，可譯作「以愛心互相服事」（五13；參《現修》）。

保羅堅持自由的重要，但也同時指出自由不是等於放縱情欲。相反，自由的真義是用愛心作**彼此的奴隸**（五13～15）！而自由的實踐就是**順從聖靈的引導**，抗拒肉體的欲望，因為當我們藉著信與基督耶穌聯合時，就已經把自己的一切邪情欲望都釘死在十字架上了（五16～25）。保羅勸誡加拉太信徒不要彼此爭鬥，反要大家分擔重擔，遵行基督的命令。他更鄭重地警告他們不要自欺，因為他們種甚麼，將來就收甚麼（五26～六10）。

「順從聖靈的引導」（五16）不是指一種神祕的個人經歷，而是指在羣體中彼此的相愛和服事。

保羅提到他寫的大字，有人認為是因為他視力不好的緣故，但更可能的是，他用「大的字」來強調他所寫的話的重要性。

在這裏，保羅從代筆的書記手中拿過筆來，**親手寫下幾句結語**（六11～18）。他省略了一貫信末的問安語，也沒有交代行程計劃，卻繼續與那些猶太主義者爭辯到底。他指出自己身上帶著因忠心事奉主而來的傷痕印記，並不像那些猶太主義者那樣，害怕為基督的十字架受迫害，卻以外邦信徒的屈從(接受割禮)來炫耀自己的得勝。保羅藉此重申整封書信的核心主題：信徒惟一可以誇耀的，是基督的十字架。藉著這十字架，我們已成為新造的人，與世界一刀兩斷。行割禮與否，已變成了無關重要的事。最後，保羅祈願主耶穌基督賜「恩典」給加拉太信徒，這正是他們最需要的！

加拉太書摘要

信息：猶太主義者視遵守律法為得救的必須條件，保羅對此予以駁斥，從而申明何謂基督徒的自由，並堅持只有靠信心才能稱義。

作者：保羅

寫作日期：約公元50年中期

大綱

A. 引言：開場白和主題(一1～12)

B. 敘述：保羅對所領受的身分權柄提出自辯(一13～二21)

C. 重申：兩個循環的論證(三1～四31)

D. 勸告(五1～六10)

E. 結論／書信結尾(六11～18)

7.2. 羅馬書

7.2.1. 寫作背景和目的

羅馬書雖然比較像神學論文，卻始終是在一個特定處境下的寫作。我們若要深入了解信中的論證和邏輯，就不能忽視這信的寫作背景。

根據使徒行傳的記載，在第三次宣教旅程的末期，保羅離開以弗所，經馬其頓來到希臘半島(即亞該亞)，在那裏過冬(參林前十六3～7)，住了3個月，並預備將馬其頓和亞該亞的捐款送到耶路撒冷後，便會探訪羅馬(徒十九21，二十1～3，二十四17)。這與保羅在羅馬書十五章23至28節所計劃的行程非常吻合。保羅在信末更提到他當時是住在哥林多人該猶家裏(十六23；參林前一14)，並特別介紹在堅革哩(哥林多鄰近的港口)教會事奉的菲比(十六1)。因此，幾乎所有學者都同意，保羅是在這3個月的期間，在亞該亞的首府哥林多寫下羅馬書的，其時大約是公元56至57年的冬天。

保羅的書信基本上都是寫給他親手(或藉著其他同工)建立的教會，另有些則是寫給他所栽培的信徒領袖；通常是要處理教會在信仰及道德上的迫切問題。而且，很多時候都是因為保羅不能親身牧養教會，才以書信代勞。然而，羅馬書卻顯然與眾不同，首先，羅馬教會並非由保羅建立，而保羅亦從未探望過他們；此外，信中也沒有明確處理教會的具體問題；事實上，羅馬書並非代替他的親臨牧養，反而是為保羅初訪羅馬教會鋪路。還有，羅馬書是保羅書信裏最長的一封，對福音教義的闡述也可謂是在新約書卷裏最嚴謹和詳盡的一卷，信末更有長達一章的問安名單，這些都是羅馬書的特出之處。我們不禁會問，為何保羅要寫一封這樣的信？

羅馬教會的建立

雖然有些早期教會傳統說羅馬教會是由保羅和彼得所建立，但這明顯與事實不符。保羅肯定不是羅馬教會的創立人；至於彼得，他大概在晚年的時候曾到過羅馬，不過我們並沒有可靠的證據顯示羅馬教會是由他創立的。羅馬教會的起源實際上已無從稽考。使徒行傳二章10節提及在五旬節時，有些從羅馬來的猶太人到耶路撒冷過節，因而聽到福音，也許是這些人將福音帶回羅馬。此外，羅馬城是羅馬帝國的首都，是當時世界的重要城市，一定有不少各方各地的基督徒在那裏出入往來，他們也可能順理成章地在那裏傳福音，建立教會。

從保羅的問安語及其他內證顯示，當時的羅馬教會是以外邦人為主(一5、6、13)，但也有為數不少的猶太人。教會相當興旺，有多處的聚會點(十六5、14、15)，並且遠近馳名(一8)。

從保羅在信中的宣稱、字裏行間暗示的一些問題、以及他寫信時的背景，我們可以覺察到保羅寫羅馬書的幾個重要原因：

❶宣教的原因

保羅肯定意想不到，當他最後得償所願，抵達羅馬的時候，卻是以一個囚犯的身分而去(徒二十八章)！保羅這經歷怎樣幫助我們明白上帝的引導呢？

羅馬城是羅馬帝國的首府，是一個極其具有策略性的福音據點。保羅在信首(一10～15)提到他早有意探訪那裏的教會，可惜始終未能成行。他希望能與信徒分享屬靈的恩賜，堅固他們的靈性。他更希望在那裏傳福音，領人歸主，像他在其他外邦城市所作的一樣。因為羅馬教會不是保羅或其他使徒建立的，所以保羅大概想以使徒的教訓鞏固教會的基礎，好使他們在信仰上站穩，並在羅馬這個重要的福音基地更能發揮領導的角色。不過，保羅知道這樣做是很「大膽」的(參十五15、18)，所以他的語氣相當婉轉，避免別人指他在不是自己建立的教會裏耀武揚威。

此外，保羅寫羅馬書時，他的外邦宣教工作已立下了一個極重要的里程碑。在信末，保羅説他已完成了地中海東部龐大地區的傳道工作，正計劃往西方發展，直達羅馬帝國西部極端的西班牙(十五14～24)。對他來説，羅馬是一個策略性的福音據點和基地。他清楚地指出,他很希望這個宣教計劃能夠得到羅馬教會的支持,他在信末的長長的問安名單,大概就是為了強調他和羅馬信徒的關係基礎。另一方面,保羅也似乎有點擔心羅馬信徒質疑他到訪的誠意:既說早有來訪羅馬的心,但為何卻一直拖延,到現在有求於他們時才突來造訪?保羅重申他在信首的解釋,表明他的誠意是上帝可以見證的(一9~10),且交代他受到阻延的事實(一13,十五22)和未來的行程計劃。保羅興奮地指出現在環境已經改變,**待他將捐款送抵耶路撒冷後,就真的可以成行,到訪羅馬了**(十五23~32)。

「幫我成行」(十五24)這字帶有專門意義,指以物資、甚至同行伙伴來協助某人上路。

❷牧養的原因

除基於宣教的原因外,保羅似乎也**想藉這封書信,協助解決羅馬信徒間的不和**,特別是猶太與外邦信徒間的緊張關係。因為當地信徒分布在不同的家庭教會聚會,各聚會點之間難免產生一些分歧甚至衝突。從羅馬書十四章1節至十五章13節顯示,**「信心軟弱的」與「信心堅強的」**對猶太節期和食物規條有很不同的看法和做法。毫無疑問,前者一般以猶太人居多,不過,我們卻沒有清楚的證據,把兩班人明確界分為猶太信徒與外邦信徒。但無論如何,羅馬書的確反映了猶太與外邦信徒的緊張關係。

保羅雖然從未到過羅馬,但信末的問安語顯示他認識當地不少的信徒,所以他應當對羅馬教會的問題略有所聞。

這兩者的分別在於遵守有關規條時嚴緊和寬鬆程度的不同。

羅馬教會開始時大概是以猶太人為主。但約在公元49年間,羅馬皇帝克勞第(《和合本》譯作「革老丟」)勒令驅逐猶太人離開羅馬(徒十八2),教會的成員和領導層自然產生巨大的變化,雖然幾年後猶太人得以逐漸遷回羅馬,但教會已由外邦信徒主導。我們不難想像猶太與外邦信徒未盡協調而衍生張力的局面,特別是教會裏佔多數的外邦信徒似乎對猶太信徒有某程度的輕看或冷落（參十一15～24）。由此看來，難怪保羅不單宣告上帝的救恩計劃包括猶太人和外邦人，更致力肯定猶太人在救恩歷史中的角色，警告外邦人不要驕傲自滿，並勸勉教會對嚴守猶太節期及食物規條的信徒多多忍讓。

克勞第勒令驅逐猶太人

因為歷史資料的不一致，好些學者懷疑這逐猶的命令有否被嚴格執行。我們也不知道是否所有猶太人都遵命離開，但這命令對羅馬教會的影響是無可置疑的。

2世紀羅馬著名的歷史學家綏屯紐（Suetonius）是首位提供關於身處羅馬的猶太裔基督徒的資料，他提到在羅馬皇帝克勞第在位期間（即公元41～54年），已經有基督徒在羅馬居住。他又明確記載克勞第曾**勒令驅逐猶太人**離開首都羅馬的事：「由於猶太人受到『基里斯督』（拉丁語：*Chrêstus*）這人的煽動，一直在鬧事，所以克勞第就把他們從羅馬境內趕了出去。」（《克勞第》25）按綏屯紐記載，這道勒令原為制止1位名為「基里斯督」的人所引起的動亂，這動亂的發生很可能由於基督信仰在當地猶太社羣中迅速增長所致。而綏屯紐所提及的那位名為「基里斯督」的人，其實與拉丁語的「基督」（*Christus*）混淆了。

我們也許會奇怪，為何羅馬政府不知道並不是個個猶太人都是基督徒呢？其實，這也並不希奇，對於當時的異教徒來說，所有與聖殿有關、又閱讀舊約聖經的人（其中當然包括猶太裔的基督徒在內）都是猶太人或猶太教人士；就如今天，對教外人士而言，所有閱讀聖經和相信耶穌的人都是同一類的，無論是羅馬天主教徒或新教徒（Protestant Christian），甚至是耶和華見證人和摩門教的人，全都是基督徒。所以，自克勞第發出勒令以後，猶太基督徒（連同所有的猶太裔人士）便得離開羅馬（參徒十八1～3），於是，在信徒羣體中得以留下來的，就只有外邦信徒而已。事實上，自猶太信徒離開後，教會不久即為外邦信徒所填補和主導。

❸ 護教的原因

保羅知道有不少人——特別是猶太主義者——對他所傳的福音有誤解甚至惡意的毀謗（參三1～8）。因為羅馬教會對他認識不深，也許聽過一些不利於他的傳言，所以當保羅尋求他們的支持時，自然覺得需要向他們陳明自己所傳的福音真理，並澄清一些誤解。因此，保羅這對福音的論述，正是他向羅馬信徒介紹自己的最好方法。

更重要的是，保羅在赴羅馬之前，要先往耶路撒冷去。他在外邦人中籌款來捐獻給耶路撒冷的貧窮信徒，不單是一件賑災的善舉，更是為了展示外邦教會與猶太教會的手足情誼，甚至可以說這是外邦教會飲水思源、報答猶太信徒將福音傳給他們的心意。如果猶太基督徒接受這捐獻，便表明他們願意接受保羅在外邦人中間的福音工作，並視外邦信徒為上帝國的同胞了。

> *若你的教會因擴堂而籌募經費，你會抱怎樣的心態去支持？你又會怎樣鼓勵其他人一同承擔？*

然而，保羅此行前赴耶城，卻是誠惶誠恐的。他不但擔心猶太人的迫害，更擔心這筆捐獻遭受耶城信徒的拒絕。所以他請求羅馬教會為他此行懇切祈禱，免生不測（十五31）。究竟有甚麼會使得耶城信徒甘願窮苦也不肯接受這愛心的捐獻呢？原因無他，就是保羅所傳的福音，對猶太律法和猶太人作為上帝子民的地位，都構成很大的威脅（參徒二十一20～22）。因著猶太同胞的對抗和煽動，不單保羅在外邦的宣教工作受到阻撓，即使是保羅本人，也遭受許多惡意的攻擊，就連很多猶太基督徒對他也並不諒解，甚至多方誣衊他。

從早期教父著作及經外文獻顯示，大部分早期猶太基督徒都反對保羅，歷時達200、300年之久。有些認為保羅是行邪術的西門的化身，所以與彼得對抗（參徒八9～24）；有些更誣衊保羅原是外邦人，因單戀猶太祭司女兒而行了割禮，以表他的誠意，後卻因追求不遂而惱羞成怒，轉而極力攻擊猶太律法！

保羅深知自己一到耶路撒冷，便會激起一場激烈的論戰。他要面對的問題，正是這幾年來他處處受到猶太人質疑、挑戰、甚至逼迫的癥結所在。在有意無意間，保羅似乎在羅馬書裏將他所傳的福音有系統地作一次預先的講述練習，並回應猶太人對這福音的批評。這正好解釋為何保羅在羅馬書大量引用舊約聖經，並重點地討論福音與律法和以色列民的關係。大概也由於要面對猶太人的駁斥，保羅在經文多處採用了一種當時流行的辯證方法，藉著與一個假想的對手的辯論，闡明他的福音真義（三1～9，三27～四2，六1～2、15，七7，十一1）。

綜觀以上分析，保羅寫羅馬書有宣教、牧養和護教這幾個不同的目的，而這些目的都分別與他計劃前往西班牙、羅馬和耶路撒冷3個行程有關。最後，值得一提的是，保羅這幾年來飽經哥林多教會和加拉太教會的巨大風波，並在亞細亞險死猶生（林後一8～11），現在能夠在哥林多享受3個月難得的安靜日子，而宣教的事奉又到了一個轉捩點，相信會很自然地反省和整理他的思想，特別是近年來壓在他心頭的有關神學、牧養和苦難等課題。於是，哥林多書信和加拉太書信中的主題紛紛重現，無論是十字架復和的信息、基督的愛、人不能自誇而只能誇耀主的恩典、苦難中的安慰、對舊約的廣泛引用、聖靈與肉體、聖靈與律法、信徒的相處等等，都清晰而有系統地融合在羅馬書中有關福音的闡釋裏。

在聖靈的默示下，羅馬書可謂將福音的真理發揮得淋漓盡致，成為後世教會的偉大屬靈寶藏，以致所有影響深遠的神學理論，幾乎無不以羅馬書為基礎。

7.2.2. 內容

因為羅馬書的長度和信中牽涉的很多神學課題，讀者很容易過分注重細節的解釋而忽略了保羅整體的論證，尤其是書信各部分的關係和邏輯的發展。我們必須了解，保羅不單是在闡明他的福音，也同時是在回應猶太人對他所傳的福音的批判。保羅論證的重點受到兩個相關卻又充滿張力的思想所影響：

1. 作為猶太人和擁有律法都不能成為**稱義**的根據；因此，外邦信徒無須接受割禮和遵守猶太律法。
2. 那麼，作為猶太人有何益處？律法又有何功用？上帝對以色列人的揀選和應許難道是徒然的嗎？此外，既然稱義不需要靠行律法，外邦人豈不是可以無法無天嗎？

《和合本》譯作「稱義」，但《現修》譯作「跟上帝有合宜的關係」（參三24、28）。

保羅一方面要堅持因信稱義的必要性和完備性，即是「律法無用」；另一方面也要維護上帝對猶太人選召的神聖和律法的公義要求，即是「律法有益」。最有效的方法，就是大量的根據舊約聖經——以色列民族和律法的根基——來辯明因信稱義的福音並不是保羅自創的，而是上帝一貫的心意。上帝的救贖計劃原包括全人類——先是猶太人，而後外邦人。同樣重要的是，因信稱義的結果不是廢棄了律法，而是成全了律法。

序言和題旨（一1～17）

保羅在信首便宣稱，上帝派他所傳的福音，是藉著舊約的先知所應許的，他更特別指出基督是大衛的後代（一2～4；另參九5），藉此強調福音的猶太根源。保羅從基督領受了作使徒的恩賜及使命，使各國的人信從基督（一5，十六26）。因此，保羅相信他有向羅馬人傳福音的責任，並順理成章地提到他希望拜訪他們（一6～15）。

在一章16至17節，保羅引用舊約先知哈巴谷書二章4節，精簡地說出了福音的主題：「因信而得以跟上帝有合宜關係的人將得生命。」

(《和合本》譯作「義人必因信得生」)。因此,不論是對猶太人或外邦人來説,只有信靠基督才是經歷上帝大能拯救的鑰匙。保羅也刻意地指出,在福音被傳揚的歷史過程中,猶太人是有優先地位的。

全人類需要拯救 (一18~三20)

為何世人需要「因信稱義」?保羅的答案是:猶太人或外邦人都因為犯罪而在上帝的憤怒和審判之下,無法自救(一18~三20)。

保羅先從傳統猶太人的觀點來評論外邦人(一18~32),他指出宇宙萬物已經清楚地表明上帝永恆的大能和神性,然而外邦人卻摒棄了關於獨一真神的真理,轉而敬拜偶像,引來各種道德上的敗壞。當時不少猶太文獻也對外邦人有很相似的嚴厲批評。

然後,保羅將矛頭轉向猶太人(二1~三8)。猶太人得天獨厚,擁有上帝頒布的律法,也有割禮作為與上帝立約的記號。在很多層面上的確比外邦人優勝,以致他們應該可以作外邦人的引導。可惜,特權高一些並不意味著罪少一些。猶太人雖然有律法,卻沒有遵守,以致他們所獨有的一切益處都失去作用,甚至因而羞辱上帝的名,並招致審判。相比之下,外邦人雖然沒有律法,但上帝已在他們的良知裏寫下律法的公義要求,以致他們都有是非善惡之心,行事為人就要對心中的「律法」負責。

保羅的主要論點是,人的問題並不在乎是否擁有律法,更重要的是能否遵守上帝的公義要求——無論這些要求是寫在猶太律法裏還是寫在外邦人心中。保羅引用一連串的舊約聖經,證明猶太人與外邦人都伏在罪惡的權勢和上帝的審判之下(三9~20)。因此,「稱義」根本就不是有沒有猶太律法的問題,所以即使將猶太律法加諸外邦人身上,亦無濟於事。

上帝拯救之道 (三21～四25)

三章21節的「但現在」不單是保羅論證的轉捩點,更是人類歷史的轉捩點。現在新的救恩時代已經來臨,上帝已為人類預備了拯救,使一切相信耶穌基督的人無須靠律法而白白得稱為義(三21～31)。

猶太人可能會反駁說:公義的上帝怎能以罪人為無罪呢?保羅堅持上帝是公義的,他並沒有寬容罪,而是使基督的死成為一個贖罪的獻祭,滿足了律法的要求,使一切信靠他的人得蒙赦免(三25～26)。既然律法不能使人得救,所以猶太人在上帝面前絲毫沒有可以誇耀之處。猶太人和外邦人都是在同一水平線上,同樣地需要藉著信基督耶穌,才得以與上帝和好(三27～30)。保羅強調,因信稱義的福音,是舊約聖經裏**律法和先知**的教導可以證明的(三21),故此,這福音不會反對上帝的律法,而是更能滿足律法的要求,使律法更為鞏固(三31)。

猶太人慣用「摩西的律法和先知」來指他們的聖經。

接著,保羅以**亞伯拉罕**為證(四1～5),表明因信稱義的福音是源於聖經。亞伯拉罕稱義不是由於行為,而是由於信靠上帝的恩典,大衛的話亦引證這一點(四6～8)。又由於亞伯拉罕得稱為義是在他接受割禮之先,可見他稱義並不是靠行割禮(四9～12),也不是靠行律法,而是單單基於上帝的應許,亞伯拉罕因信而得以承受(四13～15)。因此,亞伯拉罕的真正後代,是一切像他那樣信靠上帝的人,卻不限於擁有律法和割禮的猶太人(四16～25)。

對很多猶太人來說,亞伯拉罕是因行為稱義的佼佼者。有些拉比甚至說,亞伯拉罕所積存的功德是那樣的偉大,以致他的後裔都可以分用。因此,猶太人都以自己為亞伯拉罕的子孫作為蒙上帝悅納的憑藉(參太三9)。

在基督裏的新生命 (五1～八39)

在這裏,保羅的論證到了一個轉折點,從一個法庭判案的思想模式發展成為一個生命關係的思想模式。

他在首4章所用的鑰字是「信」和「稱義」，主要是解釋和建立了「*因信而得以跟上帝有合宜關係的*人將得生命」這主題（一17）的上半部，即稱義必須藉著信基督，而不能靠律法和割禮。然而，猶太人可以反駁説，如果人不遵行律法仍然可以稱義，律法豈不是多餘的嗎？再者，如果上帝這樣容易便使罪人無罪釋放，這難道不會鼓勵人繼續犯罪，違反律法嗎？保羅的答案是：「絕對不會！」因為因信稱義不單是關乎罪得赦免，更是關乎生命的再造。因此，他在以下幾章就用「生命」作為鑰字，解釋「因信而得以跟上帝有合宜關係的人*將得生命*」這主題的下半部，即因信稱義而與基督聯合的人必然得著一個新的生命，就是基督自己那聖潔和大能的生命，可以成全律法的公義要求。

保羅兩種論證的模式

	法庭判案的模式（一～四章）	生命關係的模式（五～八章）
罪的本質	違背上帝的律法	宇宙性的邪惡勢力
罪的效應	刑罰帶來死亡	藉死亡奴役人類
基督的工作	挽回祭→承擔罪的刑罰	勝過罪的奴役→釋放
信徒的回應	接受基督為我們成就的義	與基督的生死聯合

五章1至11節描述信徒因信稱義而享有的眾多福氣，包括性格的磨煉和患難中的喜樂。保羅特別指出，這是因為聖靈將上帝拯救罪人這無比的大愛澆灌在我們心裏。保羅稍後會論述這愛如何成了信徒生活的動力和相處的首要原則（參八，十二～十四章）；而他在這裏的重點，是要帶出一連串強烈的對比，並藉此強調因信基督而與他的生命聯合的效果。

你可曾因自己的罪而懷疑上帝會否繼續愛自己呢?這段經文(五12~21)會使你重新振作!

保羅說,當我們還是罪人的時候,即是絲毫不值得上帝去愛的時候,上帝已是這樣愛我們,使我們稱義。那麼,現在我們已經稱義,成為上帝的朋友了,上帝的恩典豈不更是無可比擬嗎?如果基督的死可以使我們與上帝化敵為友,他復活的生命豈不更能叫我們起死回生嗎?保羅繼以基督和亞當這兩個新舊人類的代表作為範例,闡述違命與順服、過犯與恩典、死亡與生命等一連串的對比。毫無疑問,罪的後果遠遠不如恩典的效應,罪藉著死亡的管轄也無法與公義生命的統治相比,在基督裏比在亞當裏優勝得多(五12~21)!

保羅在這裏把罪從猶太律法的範疇帶到一個在亞當裏的範疇,即是一個更基本、涵蓋普世的範疇。罪不僅是一個法律性的觀念,表示人違背上帝所頒給猶太人的律法,它更是一個宇宙性的邪惡勢力,奴役一切在亞當裏的人類。保羅指出,自從始祖亞當違背上帝的命令之後,人類就都承受這過犯的後果,所以,在摩西的律法頒布之前,人早已與亞當一樣死了。因為死是從罪而來的,這意味著世人無論有沒有律法,都已經是伏在罪的權勢之下。

保羅沒有在這裏詳細闡述原罪的教義,他的目的只是要指出,既然罪的出現比律法更基本,律法雖然可以使罪惡更加顯露,但對解決罪惡和死亡卻是無濟於事的。反過來說,稱義不單與遵守律法無關,甚至不僅僅是犯罪而白白得赦那麼簡單,而是必須與新人類的始祖基督聯合,藉著他因順服所帶來的恩典和生命,來克服舊人類的始祖因違命所帶來的過犯與死亡。

在六章,保羅繼續發展這個與基督聯合的思想,說明信徒雖然在恩典之下,不在律法之下,卻不能任意犯罪。他指出,在亞當裏的舊我已經藉著洗禮與基督耶穌在十字架上一同被釘死了,所以,再不受罪的權勢所控制。而新的我卻與基督一同復活，在他的生命裏，我們便與他一樣為上帝而活。保羅從這個身分上的「已然」地位，引申到行為上的「應然」表現。我們既已脫離罪的權勢（六7），便應拒絕受罪的管轄（六14），並將自己完全奉獻給上帝，作義的奴僕，並享受他藉著基督所恩賜的永恆生命（六16～23）。

保羅在七章的教訓引起了無數釋經和神學的爭論，尤其是他究竟是描寫自己還是其他人的經歷呢？是描述信徒還是非信徒的困境和掙扎呢？我們雖不能在此處理這些問題，但可幸的是，保羅的主旨是相當清楚的：律法雖然是好的，但它本身卻無法幫助我們順服律法來討上帝喜悅，只有聖靈才能夠幫助我們事奉上帝。保羅指出信徒不單已經向罪死了，也向律法死了（七1～6）。這是因為律法已經成了罪的工具，使人在犯罪上變本加厲，它不但不能達到使人得生命的目的，反而被罪利用而帶來死亡。因此，在律法下的人是軟弱的，是痛苦的（七7～24）。但感謝上帝，**律法因人的軟弱所做不到的，上帝藉著基督成就了**，並使信徒可以倚靠聖靈來滿足一切律法的公義要求（七25～八4）。

你事奉上帝的動力是甚麼？

他這樣說，不是要攻擊律法，將律法與罪等同；相反，他極力堅持律法是神聖、公平和良善的，律法的目的是要使人得生命。然而，因為人被罪奴役的緣故，律法與罪已變成難分難解了。

保羅在八章對在聖靈裏的生命有很詳盡的描述。八章5至11節補充了前兩章的論證，指出聖靈是信徒與主聯合、因而向罪和律法死的鑰匙。保羅在這章餘下的教導裏似乎已不是在回答猶太人的指控，而是被福音本身的邏輯所推動，也許還受著哥林多後書所顯示的苦難經歷的影響。他強調聖靈所賜的安慰和憑據，使我們可以在這個虛空痛苦的世界裏，更勇敢和有盼望地面對苦難。聖靈並沒有除去我們今世的軟弱，卻在我們的軟弱中幫助我們祈求上帝。正如在五章的首段保羅述說聖靈將上帝的愛澆灌我們的心，使我們在苦難中有喜樂和盼望，在八章的末段，他也前呼後應地宣告沒有任何的苦難可以使我們與上帝和基督的愛隔絕。到此，保羅已暫時忘記了一切的爭辯，全然投入在基督的無比的愛裏。

上帝計劃中的以色列（九1～十一36）

可是，不是所有人都願意接受這個恩典和愛的福音啊！保羅所傳的道，不錯，在外邦人中成果豐碩，但整體來說，他自己的猶太同胞卻拒絕了他。整個猶太民族對保羅所傳的福音的抗拒，可謂是對這福音一個最嚴厲的批判：如果因信稱義的福音是正確的，為何這麼多猶太人不接受它？他們被上帝棄絕麼？這又如何與上帝已揀選了以色列人作他的子民這歷史事實協調？他們會有怎樣的結局呢？難道上帝昔日對其子民的應許，現已真的落空嗎？若上帝的話也可落空如此，那又叫人憑甚麼再次堅信上帝現在的應許？

在羅馬書九至十一章，保羅正面地處理那些在他心靈裏和傳道生涯中掙扎不已的問題。他多處使用第一身的見證和答問，藉此表明自己與以色列同胞的命運是休戚相關的。對保羅而言，以色列的不信不僅是一個神學性的難題，更是觸及他情感最深處的創傷，如果能夠改變這個事實，他願意付上任何的代價。在八章的結尾，他剛剛感人肺腑地述說了基督的愛的偉大，並堅持沒有任何事物可以使他與基督的愛隔絕，然而，為了同胞骨肉，他卻寧願自己受上帝詛咒，與基督隔絕。這使人想起摩西在西奈山為百姓的代求（他寧願擔負以色列人的罪孽和審判，從生命冊上被除名；出三十二32）；更使人想起基督在十字架上，的確為我們承受了上帝的詛咒，不可思議地與父上帝分離。

我們願意為帶領同胞信主而付出代價嗎？我們最關注的，是個人的屬靈好處？還是他人的福音需要？

保羅道出自己對同胞深情的愛之後，便分析和解釋以色列人不信的現象。留意保羅的論據全部都出自舊約聖經，亦即等於上帝自己的話語。這表明了以色列人現在的不信絕對沒有出乎上帝的意料之外，上帝的話也絕不落空。

首先，上帝的話顯示祂揀選了以色列的先祖以撒和雅各，卻沒有揀選他們的兄弟，這是出於上帝自己的旨意和憐憫，跟人的意志和行為沒有關係。由此可見，上帝有絕對主權決定誰蒙憐憫，並非所有亞伯拉罕的後裔都一定自動成為祂的子民。祂這樣做，也沒有任何的不公平（**九6～23**）。

保羅在九章22節提到上帝寬容「那些本來應該被擊碎的器皿」；這似乎已假定了前文的結論，即世人都犯了罪，該受審判。所以上帝沒有虧欠任何人。

保羅進一步更根據舊約先知的話，證明上帝的計劃本來就是要使那原不是祂子民的外邦人成為祂的子民，而大部分的以色列人卻遭遺棄，得救的只是少數的餘民（九24～29）。然而，以色列人被遺棄不能歸咎於上帝，而是他們咎由自取，錯誤地以為靠行律法，便可以在上帝面前稱義，並因而拒絕了那結束了律法紀元的基督（九30～十4）。因信稱義的福音，其實已經清楚記載在以色列人的聖經裏。無論任何人，都可藉此得救，這實在是唾手可得的恩典，無須有升天遁地的奇能（十5～13）。況且，上帝並非沒有差派傳福音的人，**以色列人也並非沒有聽過這福音信息，只是他們悖逆剛愎，不肯接受而已，這實在與人無尤**（十14～21）。

保羅在九章強調上帝的揀選，在十章卻強調以色列人的責任；這表明在保羅的神學思想裏，上帝的主權和人的責任並非水火不相容的。

然而，以色列雖然不信，上帝卻是信實的，他決不會完全棄絕他的子民。保羅從3方面來分析以色列人的不信的現象：

1. 以色列人的不信只是局部性而不是全盤性的（十一1～6）。作為亞伯拉罕的後代，保羅自己就是一個最佳例子，證明在最黑暗的時候，還是有猶太人接受福音的。雖然現在的猶太人與先知以利亞時代的以色列人一樣，似乎整體地拒絕上帝的信息。但上帝必然基於祂的恩典而為以色列保留餘種，正如他在以利亞時代所作的一樣。

2 以色列人的不信是計劃性而不是偶然性的(十一7～15)。保羅從舊約聖經的3個部分——律法(申二十九4；比較羅十一8)，先知(賽二十九10；比較羅十一8)和詩篇(詩六十九22～23；比較羅十一9～10)——證明以色列的頑梗固然是他們嚴重的過犯，然而卻不是偶然的，在舊約聖經裏早已言明了。而且在上帝的智慧計劃裏，他們的失足跌倒反而讓福音惠及外邦人；而外邦人得享福音的恩澤，亦必然促使以色列人發奮，接受福音，享受更豐富的福澤。言至於此，保羅便順理成章地提醒外邦信徒：他們本來是「野生的」，在上帝的應許之外，現在因著以色列人的不信而享受上帝原本賜給以色列人的恩典。所以，斷不可自以為已經取代了猶太人的地位而輕視他們(十一16～24)。

3 以色列人的不信是暫時性而不是終極性的(十一25～29)。保羅展望將來，宣告了一個奧祕的真理：當外邦人信主的人數滿足的時候，也就是以色列全體得救之日了。因為上帝對以色列的選召和恩典是從不改變的，最後必定與他們化敵為友。在這裏，保羅思想到上帝整個救贖計劃的恩典、慈愛和智慧，禁不住向上帝發出讚美，就以一個榮耀頌結束了他的論證(十一33～36)。

基督徒的行為及保羅的宣教計劃(十二1～十五33)

(參羅十二1～十五13；加五1～六10；弗四1～六20；西三1～四6；帖前四1～五22)

保羅書信的一個特點，是他常常在福音的神學闡述之後，加上一個**道德勸誡的部分**，藉此說明福音的真理如何實踐在信徒的生活之中。羅馬書十二章的首兩節，是信中神學和倫理部分之間的重要橋梁，同時亦表明了「保羅神學的倫理性」

和「保羅倫理的神學性」。缺少了他的神學基礎，就不要指望能理解保羅對倫理問題的立場。反過來說，要正確地理解保羅的神學，也必須把其理論落實於公義的生活。

當保羅在九至十一章論述上帝在基督裏的救贖計劃時，「上帝的憐憫」是一個重複出現的主題；這觀念也涵蓋了首八章的論證，因為因信稱義的真理正是以上帝的恩典憐憫為基礎的。保羅在十二章1至2節也同樣宣稱，上帝的憐憫是信徒事奉上帝的基礎和動機。在舊約的敬拜裏，上帝的恩典憐憫激發出人的感恩回應，因而獻上感恩祭。同樣，保羅呼籲我們要思想上帝的憐憫，以致心被恩感，將自己獻上給上帝，讓祂改造我們，使我們順服祂的旨意而生活。這個「信心的順服」，就是保羅向萬國傳福音要達到的目的(一5，十六26)。

「敬拜」和「奉獻」不單是星期日在教會裏所做的事。你有否在日常生活中敬拜上帝呢？

道德訓誡文體

當時有一種流行的道德訓誡文體，像中國的格言一樣，常常用善惡對比的方法來鼓勵讀者擇善拒惡。作者通常會把各類一般性的倫理勸誡比較鬆散地串聯起來，個別勸誡之間不一定有明顯的次序或關連，也不一定刻意針對個別讀者在道德上的問題或缺失，而是對整個羣體都適用，帶有警示提醒、勝於治療的預防性的作用。

保羅明顯地反映了這種文體風格，在十二章9節至十三章10節短短的20多節經文的篇幅中，保羅綜合地討論了信徒彼此之間、以至與未信社羣及國家政權之間的倫理守則。他也用了不少對比手法來勉勵羅馬信徒要「厭棄邪惡，持守良善」(十二9)。

保羅的重點是信徒要謙卑相處，以愛心彼此關顧，熱心地運用恩賜事奉主(十二9～13、15～16)；對待逼迫我們的人，務求以善勝惡(十二14、17～21)。在這裏，保羅的勸勉與主耶穌的登山寶訓很相似。至於對國家的政權，保羅要求信徒要順服和納稅，因為**當政者**的權力是從上帝而來的，為要賞善罰惡（十三1～7）；保羅沒有討論當政府越過了上帝所允許的權力，甚至顛倒善惡時，信徒應該怎樣回應，不過他在這裏的教訓大概不能作為對極權政府無條件的支持。接著，保羅也像主耶穌一樣，以愛為律法的總結和成全（十三8～10），並指出上帝的拯救計劃快將完成，這個黑暗的世代快將過去，因此，我們行事必須光明磊落（十三11～14）。

保羅寫羅馬書時，羅馬皇帝是尼祿（統治期：公元54～68年）。當時正值尼祿執政不久，有賢臣輔助，尚算英明。不過後來他卻愈變殘暴，這是保羅始料不及的。

接下來，保羅用了不少篇幅（十四1～十五7）勸勉信徒在一些次要的事上出現分歧時，切不可彼此論斷或輕看，而是應該彼此接納，為他人設想，正如基督不求滿足自己一樣。

當保羅重申上帝對猶太人和外邦人的接納後，就以一個祝福作為小結（十五8～13）。然後才詳細交代他的行程和宣教計劃，尋求羅馬信徒的支持（十五14～33）。

結語和問候（十六1～27）

在信末的結語裏，他首先推薦不日將至羅馬的姊妹菲比，菲比大概就是羅馬書的送信人（1～2節）。接著，保羅羅列了一個長長的問安名單，不過他不是單單以循例的方式提名問安，卻也順便簡述這些人為主作工的辛勞和對保羅的關愛（3～16節）。在提醒信徒防備假教師（17～20節）後，他亦代一些同工向羅馬信徒問安（21～23節），這包括代筆寫信的德提。最後，保羅以一個內容豐富的榮耀頌作結（25～27節）。與書信的開首遙相呼應，保羅在這結語中重申上帝派他所傳的福音早已藉著先知們的書顯明出來（26節；參一2～4），並以呼召萬國的人信服上帝為最終的目的（26節；參一5）。

羅馬書摘要

信息：詳細解釋「因信稱義」這教義，亦教導信徒如何把信仰落實在生活中。

作者：保羅

寫作日期：約公元56至57年

大綱

A.序言和題旨（一1～17）

B.全人類需要拯救（一18～三20）

a. 外邦人（一18～32）

b. 猶太人（二1～三20）

C.上帝拯救之道（三21～四25）

a. 耶穌基督的死所彰顯的義（三21～26）

b. 信是惟一的回應（三27～31）

c. 以亞伯拉罕為例（四1～25）

D.在基督裏的新生命（五1～八39）

E.上帝計劃中的以色列（九1～十一36）

F.基督徒的行為及保羅的宣教計劃（十二1～十五33）

G.結語和問候（十六1～27）

7.3. 加拉太書及羅馬書的信息

保羅強烈和毫不含糊地堅持，我們若要與上帝和好，在祂面前稱義，就不能夠——亦不需要——靠自己的成就，而是必須完全倚靠基督耶穌的恩典。在十字架上，基督已經完成了叫我們得救所需的一切，無須加上任何人為的努力和規條。我們與上帝有合宜的關係，是「起於信，止於信」（羅一17），若在基督之上附加任何的德行或禮教的條件，這些終必取代基督，帶來詛咒。

雖然行割禮或遵守猶太禮儀律法這些課題已不再困擾現代教會，但保羅在初代教會的處境中所闡明的「因信稱義」的真理，卻是歷久常新。因為它所涉及的，是人與上帝之間的關係和人與人之間的關係，也就是人類存在最基本的問題。

自從始祖犯罪，與上帝關係破裂後，人類就徘徊於驕傲與自卑的兩極之間。很多人像那些滿有民族和宗教優越感的猶太主義者一樣，以為靠著科技、教育、經濟、政治的成就，就沒有解決不了的問題，甚至可以憑己力建立人間天堂；信徒也容易抱著這種過分樂觀的心態，自滿於一己的宗教成就，以某種敬虔的行為表現、正統的信條、特定的宗教儀式、超凡的屬靈經歷、或嚴格克己的操練等等，來作為蒙上帝接納的憑藉，並因而輕看甚至拒絕其他弟兄姊妹和教會羣體。「因信稱義」的真理卻使每個人正視自己的罪性和軟弱，了解到自己在上帝面前的無能和污穢，徹底破滅了人類自義、自誇、自救的幻想，因而謙卑地投靠上帝，只誇耀祂的救贖恩典。

另一方面，不少人卻像缺乏安全感的加拉太信徒，對自己的生命及前途沒有信心，處處要跟上潮流，渴慕得到大眾的認可。他們受這世界的價值觀所奴役，竭力地為自己爭取成就和地位，好在人前「證明」自己的價值；他們亦往往因為達不到世人的標準，得不到世人欣羨的東西而自卑自怨自憐。「因信稱義」的真理卻宣告，上帝接納我們，使我們像基督一樣有尊貴兒女的名分，是完全因為基督的恩典，而不在乎我們一己的成就。如果上帝的兒子——全宇宙最有價值者——愛我們，為我們捨己（加二20），我們還需要在人前證明甚麼（加六14）？世人有甚麼比我們所擁有的更寶貴？一切信靠基督的人，都可以從被奴役中得到生命的釋放、安慰和自由。

你曾否因為犯罪而與上帝的關係出了問題，甚至影響到你與人的關係？

罪不單破壞了人與上帝的關係，也破壞了人與人之間的關係，使這個世界充滿孤單、區分、歧視、偏見、衝突和仇恨。如果上帝使人稱義，只是單單為了要與個別的人或羣體建立個別的關係，那麼，人類的分化與孤單卻依然持續著，這就等於強化了罪的後果。因此，稱義不僅是個人得救的問題，更關乎一個新的創造、一個在基督裏充滿和諧與相愛的大家庭的重建。既然罪將每一個人都放在同一水平線上，所以在恩典之下，也是人人平等。每個人都因信而同在基督裏，共享上帝兒女的生命（加三28）。

我們不能因為文化、經濟、政治、知識、社會地位、性格、愛好、或任何其他因素而在教會內再築圍牆，漠視了基督以犧牲的愛為我們所成就的合一。更重要的是，我們斷不能以霸權的心態或手段來達成這個合一。在保羅時代，強權的保守派猶太信徒企圖同化加拉太的外邦信徒，而羅馬教會的外邦信徒卻又似乎對他們當中「軟弱」的猶太弟兄予以輕看、冷落及排擠。保羅並沒有簡單地叫軟弱者依著「少數服從多數」的慣例順應大勢，卻呼籲每個人放下自己，作眾人的奴僕（加五13，六2；羅十三8），特別是剛強者要儘量遷就及扶持軟弱的弟兄姊妹（加六1；羅十二16，十四1、21，十五1）。如果愛不能延伸到弟兄姊妹中最小的一個身上（參太二十五40、45），就不是真愛。我們有否關顧教會中的邊緣羣體，為沒有發言權或不懂得如何發言的人說話（參箴三十一8～9）？他們是否因為跟不上主流而自慚形穢，寧作隱形人？或因為缺乏關懷而自動流失？讓剩下來的「精英分子」得享他們的「同心」和「合一」？

在你的教會中有沒有一些備受忽略的弱勢羣體？教會應如何關注他們，以建立一個真正「合一」的教會？

最後，無論是保羅時代或是今天，「因信稱義」都是一個危險的真理，很容易被誤解及誤用。如果一個人不守律法而還能得救，豈不是可以肆意犯罪，無法無天？這樣，恩典豈不是廢除了倫理，並為犯罪提供了藉口嗎?相對來說,一個律法性的宗教好像安全得多吧!

保羅不能接受信徒仍然活在罪中,受情欲所支配。他鄭重地警告那些服從肉體本性的人,指出他們就是與上帝為敵,最終一定死亡(加六7～8;羅八6～8、12～13)。但保羅的對策卻不是像後期一些基督徒那樣將基督信仰變成一個新的律法式宗教,彷彿要使律法主義起死回生,以基督徒的規條來取代猶太教的規條。保羅從始至終所強調的,都是基督的恩典:使我們得著信心,與基督聯合,從而得著過聖潔生活的動力。真的信心決不只是瞬間在理智上的認信,而是對上帝在基督裏的恩典堅守一個持久而順服的信靠(羅一5,十六26),從而導向新的、改變了的生命,以致被模成基督的樣式(加四19;羅八29)。福音不錯是白白的恩典,因為我們不能做甚麼來賺取這恩典;但福音卻不是廉價的恩典,因為這恩典值得我們付上一切,在所不惜。

然而,福音之所以為恩典,是因為上帝所要求的一切,祂已經先供應了。先有聖靈所賜的新生命,才有跟隨聖靈的新生活(加五25)。非基督徒被肉體捆綁,受罪的權勢所奴役。但我們藉著聖靈的幫助和引導,卻能勝過罪的權勢和肉體的軟弱,從而滿足律法的公義要求(加五16、18、24;羅八4～13)。聖靈更會將上帝無比的大愛澆灌在我們心裏,使我們在一切的事上得勝有餘(羅五3～8,八37)。上帝全然奇妙的大愛和恩典憐憫,激發我們在生活中有一顆熱切感恩的心,並因而推動我們轉向聖潔的行為(羅十二1～2)。

在你信仰的歷程中,曾否經歷上帝的恩典幫助而得以遵行祂的教導,在生活中滿有得勝的喜樂?

我們生活在今世與末世的重疊期中,基督在我們生命裏的工作還沒有完全。罪、死亡、以及肉體的權勢依然每天在威脅我們。然而,在恩典的基礎上,我們卻可以因著信心和靠著聖靈的能力,在現今邪惡及充滿紛爭的世代,活出將來那個在聖潔和諧的世代裏的生命。

溫習問題

1. 為何加拉太人若接受割禮，就等於離棄基督呢？（加五4）
2. 保羅信主前後的改變如何支持他的論證呢？（加一11～16）你信主之後的生命有改變嗎？你的見證可否支持你信仰的真實？
3. 舊約聖經如何支持因信稱義的福音？（加三1～29，四21～31）
4. 「因信稱義」的真理與教會的合一有何關係？（加三26～29）
5. 甚麼是基督徒的自由？（加五1～六10）
6. 羅馬書的主題是甚麼？（羅一16～17）
7. 在羅馬書一章18節至三章20節裏，保羅對猶太人的責備似乎比對外邦人更嚴厲，原因何在呢？
8. 保羅如何以亞伯拉罕為例來證明因信稱義的福音是源於聖經的呢？（羅三21～四25）
9. 試根據「因信而得以跟上帝有合宜關係的人將得生命」（羅一17）這主題句，指出保羅在一至四章和五至八章兩個段落的焦點和論證模式。
10. 在羅馬書五章12至21節的講解中，保羅如何將「亞當」和「基督」加以比較？
11. 試簡述保羅如何從3方面來分析以色列人的不信的現象。（羅十一1～36）
12. 保羅在羅馬書十三章8節至十五章6節給羅馬信徒勸勉的重點是甚麼？這些勸勉如何幫助今天的信徒？對於你而言，哪方面的勸勉對你特別有意義呢？

第八章

監獄書信

- 腓利門書
- 歌羅西書
- 以弗所書
- 腓立比書

以上幾章所討論的書信，都是保羅在第二和第三次宣教旅程期間寫成的。在這大約8年的時間裏，保羅馬不停蹄地巡迴佈道，圍繞愛琴海海岸的不同城市作短暫或長期的逗留，深化傳道、教導和牧養的工作。保羅在這幾年雖然飽經風浪，但宣教工作卻是成績斐然，而他向來所傳的福音——外邦信徒並不須接受割禮或跟隨猶太人的生活方式；只要信靠基督，就足以得救——也愈益得到肯定。在上帝的賜福下，無數大大小小的教會相繼被建立起來，其中有腓立比教會和以弗所教會，而歌羅西教會則是保羅藉著他的同工以巴弗所建立的。

當保羅的宣教事奉正如日中天、生命之花開得最燦爛的時候，他卻毅然作了一個不必要的選擇，決意回去耶路撒冷一趟，以身犯險。雖然聖靈已明確指示保羅，此行將有監牢和災難等著他，但基於主的託付，保羅勇敢和獨排眾議地踏上了這一程(徒二十22～24，二十一4、10～14)。此後幾年，保羅的人生都在捆鎖中度過，再不能像從前那樣馳騁於遼闊的福音沙場。以前的雄心壯志、計劃願望，包括要將福音傳到西班牙的偉大理想，彷彿都付諸東流。

然而，在這段好像「英雄無用武之地」的無奈期間，保羅向各地的教會寫了幾封寶貴的書信：以弗所書、腓立比書、歌羅西書和腓利門書。因為這4封信均提到保羅身處監獄(弗三1，四1；腓一7、13～14；西四3、10、18；門1、9)，所以它們往往被合稱為「監獄書信」。早期教會傳統認為，這4封監獄書信都是保羅被囚於羅馬、等待凱撒審訊的期間(徒二十八16～31)寫成的，即大約公元60至62年間。

使徒保羅在獄中仍念念不忘教會的羊羣，並以書信牧養他們。有甚麼事情攔阻你，使你不再願意服事弟兄姊妹？

保羅可謂是最有成就的使徒，亦堪稱是將福音推展外邦的最偉大使者，但上帝卻不可思議地為祂的使者加上捆鎖！可是，保羅在這幾封監獄書信裏，完全沒有質疑上帝的計劃和引導。相反，他卻充滿感恩和喜樂，表明他所傳的福音並不是紙上談兵，而是確確實實可以承載生命裏所經歷的一切挫折與失望。更重要的是，這幾封書信不但使我們更明白上帝的偉大救恩計劃和祂對人類歷史和宇宙的掌管權柄，也讓我們更認識基督和教會，並因這些屬天的真理而為現世的生活帶來力量和喜樂。

監獄書信的成書地點和時間

監獄書信中的3卷——以弗所書、歌羅西書和腓利門書——除了共同有監禁的主題外，還有其他密切的關係。首先，3封信都分別由推基古或阿尼西謀（或兩人共同）送去當地（弗六21～22；西四7～9；門10～12）；而在腓利門書和歌羅西書，保羅都提及腓利門家裏的亞基布（西四17；門2），並都代表以巴弗、馬可、亞里達古、底馬和路加向收信人問安（西四10～14；門23、24）；以弗所書和歌羅西書在內容和用字上更有極多的重疊。由此可見，這3封書信應該是保羅在相若的時期和處境寫成的，也是同時送出的。

保羅並沒有在監獄書信中清楚提到他在甚麼地方被囚，因此，無論是這3封書信或是腓立比書，它們的成書地點和時期都難有定論。保羅在哥林多後書十一章23節中提到自己曾多次坐牢，這可能是指他在獄中過夜之類的事（如在腓立比遭禁錮一晚後旋即獲釋；參徒十六16～40），但監獄書信所提到的監禁明顯不是這一類短期性的拘禁。至於較長期的監禁，除了在羅馬以外，使徒行傳就只有記載保羅在腓力斯和非斯都任猶太地總督時被囚在凱撒利亞足足兩年的經歷（徒二十三23～二十六32）。此外，有一些教會傳統顯示保羅在以弗所時也曾遭受拘禁，不過，這大概也是短期性的監禁而已。

一些近代學者認為，這些書信中至少有部分、甚至全部都不是在羅馬成書的，而是在以弗所（約公元52～55年）或凱撒利亞（約公元57～59年）寫成的。這些看法都有相當的理由，特別是考慮到保羅與收信人在地理上的距離（以弗所最近；凱撒利亞次之；羅馬最遠），若以羅馬為寫作地點，如此長途的距離在解釋上顯然是一個困難。雖然如此，我們還是傾向早期教會的傳統，以羅馬作為監獄書信的寫作地點，因為這較能配合使徒行傳的人物和事件的描述。保羅在腓利門書和歌羅西書代表幾位同工向收信人問安(西四10～14；門23、24)，其中的亞里達古和路加是在保羅被押送羅馬的路途上與他同行的(徒二十七2；另參二十八14～15，「我們」表明作者路加在場)。而留意路加對保羅在以弗所事奉的記載(徒十八18～21，十九1～二十1)，卻是用第三者的敘述，這意味路加並不在場。由此可見，保羅在腓利門書和歌羅西書代表同工亞里達古和路加的問安，就顯示他當時應該是在羅馬，而不是在以弗所或凱撒利亞。至於腓立比書，雖然不一定與其他3封監獄書信為同期作品，但書中既提及「王宮警衛隊全體」(腓一13)和「在凱撒家裏的人」(《和合本》腓四22；《現修》譯作「皇宮裏的人」)，最自然的解釋還是保羅當時身在羅馬。因此，我們推斷監獄書信是保羅被囚於羅馬時期的作品。雖然我們始終無法絕對肯定這4封監獄書信的成書地點和時期，但可幸的是，這並不影響這幾封書信主題信息的闡發，因為它們的主旨是相當清楚的。

8.1. 腓利門書

8.1.1. 寫作背景和目的

因著保羅在以弗所的事奉，福音傳遍了亞細亞省(徒十九10)，**腓利門**很可能就是在那時候由保羅帶領信主的(19節)，後來更成為歌羅西教會(2節；參西四17)的一位領袖，有很好的名聲(2、5～7節)。腓利門有一位奴隸名叫阿尼西謀，他偷了腓利門的財物夾帶私逃(18節)。阿尼西謀到了羅馬後，因著與保羅的接觸，悔改成為基督徒，並服事當時坐牢的保羅，對他有很大的幫助(10～11節)。

腓利門大概相當富有，不單擁有奴隸，家裏也有足夠大的地方供教會作聚會用(2節)。他更可能是保羅宣教事工的經濟支持者(參22節)。

保羅當時沒有出入的自由，阿尼西謀為何會遇見他呢？一些學者相信，阿尼西謀在腓利門信主時便認識了保羅，所以後來是專程找保羅為他調解説項的。無論如何，他之能夠信主，實在是上帝的巧妙安排。

根據羅馬的法律，奴隸逃走後，倘若給主人抓到，主人有權將他嚴刑處分，甚至處死，而私藏這奴隸的人也會被罰款。這是一個相當敏感和棘手的情況。保羅一方面不能漠視羅馬法律，所以縱使心裏有一萬個不願意，也必須將阿尼西謀送回主人那裏（12節）；另一方面，他卻不能冷血無情地將阿尼西謀遣返，讓他自生自滅。於是，保羅便寫了腓利門書這封情理兼備的私函，既婉轉又有力，極盡所能地為犯錯的阿尼西謀解圍。他更安排了同工推基古與阿尼西謀一起回去，帶信給歌羅西的教會，並特別向教會指出阿尼西謀是「忠心親愛的弟兄」（西四7～9）。這無形中給了阿尼西謀很大的支持，使他不致孤立無援地面對主人的責罰。

你看見保羅為了幫助阿尼西謀而作出的深思熟慮的部署嗎？你曾否這樣周詳地調解弟兄姊妹的糾紛呢？

8.1.2. 內容

在信首問安語（1～3節）之後，保羅沒有立刻提出他的請求，而是先強調他與腓利門在主裏的關係。保羅為了腓利門的愛心和信心向上帝感恩，並特別指出腓利門對弟兄姊妹的愛心使他得到極大的喜樂和鼓勵（4～7節）。接著，保羅轉入正題，為阿尼西謀求情（8～21節）。保羅不願以自己在基督裏的輩分和權柄吩咐腓利門，而是從愛心的角度向他曉以大義，希望他能饒恕阿尼西謀，待他如主內親愛的弟兄，好像待保羅一樣。阿尼西謀的確虧欠了腓利門一些東西，保羅表示願意替他償還，但也同時提醒，腓利門之能夠藉著福音得到永生，何嘗不是虧欠了傳福音的保羅呢？既然阿尼西謀在保羅為福音坐牢時侍候過他，就如同替腓利門還了這福音的債。可見，阿尼西謀欠於腓利門的，卻又為腓利門而報在保羅身上了，這些永遠算不清楚的恩恩怨怨，現在都應該在主裏一筆勾銷吧！

在20至21節，保羅強調自己深信腓利門會應允他的請求，甚至超過他的請求。這很可能是一種委婉的表達，希望腓利門不單饒恕阿尼西謀，更以福音的工作為重，還他自由之身，讓他可以回去幫助保羅。保羅的心意，似乎是盡在不言中。最後，保羅表示他希望能夠探訪腓利門等人，並以問安作結（22～25節）。

腓利門書摘要

信息：保羅請求腓利門饒恕他那出逃的奴隸（阿尼西謀），並在基督裏接納他為弟兄。

作者：保羅

寫作日期：約公元60至62年間

大綱

A. 問安（1～3節）
B. 為腓利門感恩（4～7節）
C. 為阿尼西謀求情（8～21節）
D. 探訪腓利門的計劃和問安語（22～25節）

8.1.3. 信息

在今天個人主義高漲、極其看重私隱權的社會，教會的牧養範圍往往只限於主日講台的教導和零星的探訪，傳道人的屬靈責任和權柄也通常只能涉及信徒生活上一些無關痛癢的事情。相比之下，腓利門書卻「入肉」得多。事實上，我們若以今天信徒接受牧養的角度來閱讀腓利門書，很容易會覺得保羅有點恃老賣老，咄咄逼人，使腓利門不得不就範。然而，保羅膽敢干涉腓利門的家事，正反映了他對福音權柄的信念。

基督的福音是關乎一個新的創造，因此，事情無論大小或屬靈屬世，都必須服在基督的主權之下。保羅既然藉著福音已與腓利門建立了一種屬靈的關係，便可以坦然地用愛心說誠實話。此外，保羅之所以這麼敢言，也反映了他那種為己無所求的坦蕩和為人不遺餘力的愛心，以致為了一個小弟兄，他敢干預一個教會領袖——甚至是他的經濟支持者——的私事。愛不單是一種感覺，而是積極地付諸行動的。保羅的行動，正是他所傳那個愛的福音的體現。

腓利門書也反映了保羅的社會倫理觀。奴隸制度嚴重地剝削人的尊嚴和價值，保羅對這制度一定不肯苟同。然而，他在信中並沒有直接批判奴隸制度的不公，甚至預備將逃亡的奴隸阿尼西謀遣返。在某程度上，我們可以說保羅的社會倫理觀是既保守而又具革命性的。縱觀保羅的所有書信，我們看不到他認為基督徒有責任和有能力去糾正當時社會上的不公平現象，當然更談不上以基督徒的道德觀來制定社會法律，肅清社會歪風(林前五9～10)。這是因為保羅是以當時信徒的處境作出發點；事實上，當時的信徒生活在一個極權的政治架構裏，無權無位，作甚麼社會改革只不過是痴人說夢罷了。此外，保羅的保守態度多少亦受他的末世觀所影響。當時的保羅深信這個世代的社會政治體制即將被上帝在末日的審判中掃除，所以現在，它可謂已走上毀滅之路(林前二6，十一32)；信徒既然是天上的公民(腓三20)，又何必在地上謀求爭奪新的社會地位呢(林前七17～24)？

由此可見，保羅的社會倫理觀是趨於保守的。但這並不表示保羅對社會中的不公義現象漠不關心。對基督徒會眾而言，保羅的羣體倫理教導和道德呼籲卻是極其勇敢和具革命性的，絲毫不遜於歷代最進

保羅既注重羣體教導，也關心個別信徒的需要。你認為哪一種的事奉更費時費力？作為教會領袖的你，是否常忙於羣體事務而忽略個別有需要的人？

步的人權領袖。保羅堅持在基督裏當有一個新的社會現實和倫理，藉此消除現世社會的一切界限和區分。他強調奴隸與其主人不單在主裏的地位是平等的，更是親如手足。腓利門書是一個實例，給我們看到基督徒在信仰的標準下，如何重塑社會的倫理觀。不是藉著流血的革命，而是藉著愛心從內部推翻社會階級的體系和觀念，為根本性的社會變革預備道路，最終帶來了奴隸制度的崩潰。

腓利門結果有否聽從保羅的請求呢？雖然從書信本身看不出來，但答案幾乎是肯定的，不然這一封私人的信件大概已石沉大海，不會被保留在聖經正典裏，供後世信徒傳頌。至於阿尼西謀的下場又如何呢？40多年後，安提阿的主教伊格那丟（Ignatius of Antioch；公元35～107年）寫了一封信給以弗所的教會，信中好些地方似乎是刻意仿效腓利門書的遣詞用字，並稱讚以弗所的主教有無比的愛心，而這主教的名字剛巧就是阿尼西謀！他與腓利門書的阿尼西謀很可能是同一個人，如今卻易地而處；逃亡的奴隸竟成為了教會領袖，應該是千古佳話吧！

8.2. 歌羅西書

8.2.1. 寫作背景和目的

歌羅西是弗呂家的一個城鎮，在以弗所以東約100英里，雖曾一度顯赫，但到了保羅時代，其重要性已不如鄰近的老底嘉和希拉坡里。保羅並非歌羅西教會的創立者，亦未曾探望過歌羅西信徒，他只是曾「聽見」了他們的信心而已（一4、8，二1）。然而，歌羅西教會極可能是保羅傳福音間接結成的果子。根據使徒行傳十九章的記載，保羅逗留在以弗所的3年期間，使福音傳遍了亞細亞。歌羅西人以巴弗大概於這期間在以弗所信主，及後更成為保羅的同工，向以弗所城周邊的歌羅西、老底嘉與希拉坡里等地區傳揚福音，建立教會（一6～7，四12～13）。因此，保羅可算是歌羅西教會的屬靈祖父，所以我們不難理解為何歌羅西教會願意前來徵求他的意見，而保羅亦覺得對他們有屬靈的責任和權柄。不過，因為保羅與大多數歌羅西信徒都不相識，所以此信較少個人色彩，語氣亦比較平和。

有兩個主要因素促使保羅寫歌羅西書。第一，如前文所述，保羅寫了一封信為奴隸阿尼西謀求情，託推基古帶去歌羅西交予當地教會領袖腓利門。因為可靠的送信人難得，保羅很自然地順便託推基古帶另一封信給當地信徒，鼓勵和勸勉他們。事實上，在歌羅西書的一些普遍性的勸勉中，我們可以看到腓利門書主題的影響。保羅不單指出在基督裏不分奴隸和自由人，更對愛心和寬恕有特別的強調（三11～14）。此外，當歌羅西書談及一些人倫規範時，只簡單地交代了夫妻和父母與子女的關係，卻花了極多篇幅來闡述奴僕與主人的關係和責任（三18～四1；比較弗五21～六9）。

然而，保羅寫歌羅西書另一個更重要的原因是他從以巴弗的報告中得知歌羅西一帶教會的情況和面臨的危機。歌羅西信徒的表現基本上是很好的（一3～8，二5），但卻似乎受到一些相當吸引人的異端所誘惑，有低貶基督的超越性和全備性、並陷入人為條例束縛的危險。保羅便針對這個異端，在信中極其強調基督的無上地位，將基督的神性和豐盛及其創造與救贖之工，描寫得淋漓盡致，藉此駁斥這異端，提醒信徒防範於未然。

歌羅西的異端

學者對「歌羅西的異端」的源起和細節有相當分歧的看法，這些分歧也往往在不同的譯本反映出來。保羅稱這異端為「虛妄的哲學」(二8)。按《和合本》的翻譯，這是指「世上的小學」。按《現修》的翻譯，這卻是「根據宇宙間所謂星宿之靈」的學說；換言之，這不是指一套邏輯或哲學的理論，而是指一些靈界的奧祕知識。當我們考慮保羅的原文用字和歌羅西書所反映的異端思想，《現修》的譯文應是較為可取。

另外一個極富爭論性的片語，是二章18節提到的「天使的敬拜」；原文其實可分別理解為「(對)天使的敬拜」(《現修》譯作「崇拜天使」)或「天使(對上帝)的敬拜」。事實上，二章18節整體上都不容易翻譯，原文抄本也有分歧。《現修》在這裏只是按譯者對經文的解釋大略地意譯；「堅持有特殊遠見、……崇拜天使的人」按原文直譯是「當他進人時所看見天使的敬拜」，在文法上似乎理解為目睹天使對上帝的敬拜更為恰當，也更符合兩約之間一些猶太文獻的思想。

無論如何，我們不難從保羅反駁的重點中推斷出此種假教導的一些特性。事實上，在闡述正統信仰時，保羅很可能借用了那些假教師們常用的術語，如「知識」、「奧祕」、「豐盛」等，並藉此反駁這些異端的主張。這異端無疑是以猶太思想為基礎，極看重飲食的條例和猶太節日，也似乎強調割禮，表面上，與加拉太書所反映的猶太主義教導有些相同。不過它表達的形式卻是更接近巴勒斯坦地以外的希臘化猶太教，並滲人了希羅世界的神祕宗教和二元論哲學的思想，與稍後期(公元2世紀)盛行的諾斯底主義頗為相似。那些假教師鼓勵信徒接受嚴格克己的靈性操練，藉以打開天門，領受靈界的奧祕知識和異象，甚至得以在靈裏目睹天使在天堂裏對上帝的敬拜，因而更經歷上帝的豐盛。這些思想和操練看似屬靈，實質上卻是受肉體的驕傲所支配，低貶了基督的位格和豐盛。

此外，近期研究顯示，在歌羅西所屬的弗呂家一帶流行一種信仰，認為至高的神受著許多的中介者環繞，它必須藉著它們來與世人接觸；而世人的命運也深受靈界的勢力所操縱，所以人們必須透過一些禁欲的操練或宗教的禮儀來討好這些靈界勢力，藉以趨吉避凶。我們不難想像，歌羅西人信主後，心理上仍然或多或少受這些思想影響，因而特別容易在這方面受到迷惑。

8.2.2. 內容

歌羅西書由兩個明顯的部分組成：教義（一～二章）與生活實踐（三～四章）。

信首問安後（一1～2），保羅為歌羅西信徒的信心和愛心向上帝感恩，並祈願他們更有智慧分辨甚麼是上帝的旨意，以致在生活和知識上有更多的長進（一3～11）。接著，保羅再次向天父感恩，因為祂藉著祂的愛子使信徒脱離黑暗靈界的權勢，賜給他們眾多福澤（一12～14）。在這段信首的感恩和代求中，保羅已經介紹了歌羅西書的主題，導引讀者的思想。

歌羅西書一章15至20節有詩歌體的風格，不少聖經學者認為保羅在這裏引用了某首早期教會詩歌的歌詞。不過，這詩歌也有可能是保羅自己創作或改編的。

保羅的感恩帶進了一段榮耀的基督論（**一15～20**）：基督是上帝的形像，上帝一切豐盛的神性都在他裏面；他是宇宙萬有的根源，遠超世界和靈界的一切。更重要的是，因著基督在十字架上所成就的工作，不單人類得以與上帝和好及充滿盼望，整個受到罪所牽連的宇宙也回復到上帝最初創造的秩序和心意。因此，所有靈界的勢力也重歸基督的掌管。既然作為宇宙的元首的基督也是教會的元首，一切追隨基督的信徒都無須倚靠任何靈界執政者的權勢，更無須懼怕它們（一21～23）。

你對甚麼東西有恐懼感呢？你相信在基督裏的生命可以勝過一切的恐懼嗎？

在舊約和兩約之間的希臘化猶太教的文獻裏，上帝的智慧或道（話語）不時被賦予位格，成為上帝創造和統御萬物的中介者（參箴八22～36）。這智慧滿有上帝的屬性和權能，但卻不是與上帝完全相同的個體。在舊約次經《所羅門智訓》裏，智慧不單超越萬物，貫徹萬物，更是上帝榮耀的彰顯和祂美善的形像。深受希羅思想影響的猶太哲學和解經家斐羅也將那「不能看見和神聖的道」與上帝的形像等同。保羅和其他新約作者借用這些猶太智慧神學的觀念和用語，加以發揮，來描述基督的位格和工作（參約一1～18；來一1～3）。

你是否渴慕更深地經歷上帝？你認為這經歷可以靠一些方法來得到嗎？

上帝已任命保羅作普世教會的僕人，為要將完整的福音信息傳遍天下。所以，保羅雖然與歌羅西和老底嘉一帶的信徒素未謀面，但仍然深覺自己對他們責無旁貸，必須提醒他們不要被人的花言巧語引入歧途（一24～二7）。在二章8至23節，保羅就正面駁斥侵擾歌羅西教會的異端。他強調「屬靈的割禮」的超越性，那是猶太教所恃的肉體割禮所不及的。此外，他嚴斥這些禁欲主義者徒具智慧的外貌，卻與基督徒在恩典中的自由釋放相違。保羅指出我們藉著與基督的聯結已擁有一切的豐盛，無須恪守任何人為、極度克己的規條或神祕的宗教儀式。事實上，基督已經解除了一切律法的束縛和靈界的權勢，信徒不應再受這些勢力所奴役。

接著，保羅以信徒與基督在死和高升上的聯合為基礎，教導他們當有的行為（三1～四6）。像在羅馬書一樣，保羅提供了一些普遍性的道德勸誡，將舊我和新我的行為加以對比（三5～17）。保羅對這新我的教導的著重點不是在乎個人靈命的更新，而是整個信徒羣體生命的再造。他強調所有信徒都必須在基督的主權下彼此寬恕、相愛和教導，並一同以感恩的心敬拜上帝。然後，保羅談及一些在家庭裏的關係（三18～四1）。毫無疑問，因為阿尼西謀事件之故，他對奴僕與主人間的關係有特別詳盡的教導。保羅也勸勉歌羅西信徒要恆切禱告和為保羅的福音事工代禱，並有智慧地與非信徒交往（四2～6）。

一個不肯寬恕弟兄姊妹的信徒能夠有個人靈性的長進嗎？

在信末，保羅交代了一些送信人的資料，並說他們會將他的情況向教會詳細報告（四7～9）。當保羅代表那些與他同在的眾弟兄向教會問安（四10～17）後，便從代筆人手中拿過筆來，加上自己個人的問安語（四18），並以此作結。

致老底嘉教會的信

保羅提到給老底嘉教會的信（四16），但我們的新約聖經裏卻沒有「老底嘉書」，這個缺失引起不少的討論。早期教會時期的馬吉安和好些現代學者都認為它就是我們的以弗所書，而另有一些學者則認為它是腓利門書。不過最可能的是，這封信已散失了。大概也由於這個緣故，早期教會就曾有人從保羅書信中摘取一些片段，拼湊成一封偽造的「老底嘉書」！無論如何，四章16節這經文的重要性，是在於它反映了早期教會公開宣讀和交換傳閱保羅書信的習慣，這顯示在很早期的時候，信徒已覺察到保羅書信的權威性和普世性。

歌羅西書摘要

信息：保羅透過糾正教會對基督身分和地位的誤解，強調基督的尊貴和榮耀，從而確立基督是惟一拯救的根源。

作者：保羅

寫作日期：約公元60至62年間

大綱

A.問安（一1～2）

B.教義（一3～二23）

- a.為歌羅西信徒感恩，並求天父賜他們眾多福澤（一3～14）
- b.保羅對基督論的闡述（一15～23）
- c.提醒歌羅西信徒不要被人的花言巧語引入歧途（一24～二7）
- d.保羅正面駁斥侵擾歌羅西教會的異端（二8～23）

C.生活實踐：信徒當有的基督徒生活（三1～四6）

- a.對比舊我和新我的行為（三1～17）
- b.家庭裏的關係（三18～四1）
- c.一般性勸勉（四2～6）

D.最後交代和個人問安（四7～18）

8.2.3. 信息

毫無疑問，歌羅西書最突出的貢獻是它的基督論。在神學方面，它使我們更了解基督在十字架上的成就：如果基督只是最偉大的教師和先知——甚或是最偉大的被造之物，如果他的犧牲只是最偉大的捨己救人的榜樣，為何他在十字架上的死有如此不可思議的偉大能力呢？基督的死不單使人罪得赦免，甚至使整個宇宙與上帝復和！惟一可以充分解釋十字架偉大成就的原因，就是基督本身的偉大，因為他是上帝的形像、宇宙的統治者，在他裏面有上帝一切的豐盛。

按照上帝形像不斷被更新的生命是怎樣的呢？你內心有甚麼想法或執著，攔阻著你活出一個流露上帝形像的生命？

在信徒的經歷方面，歌羅西書使我們更明白與基督聯合的福分和榮耀。當內存上帝一切的豐盛的基督活在我們的生命裏時，我們也將會分享上帝的榮耀（一27）。正如基督是上帝的形像，我們的生命也會按照上帝的形像不斷地被更新（三10）。換言之，基督已展示了經歷上帝的巔峯和極點，我們不應——亦不能——在基督以外，以任何人為或靈界的「祕訣」來更經歷上帝。我們若追求一個比基督的福音更高級和更豐盛的基督教，結果只會帶來奴役。

儘管我們不清楚歌羅西異端的細節，歌羅西信徒的試探亦與我們在這個多元化的現代社會裏所遇到的文化和宗教思想的衝擊大不相同，但保羅的基督論信息卻仍然是十分適切和重要的。事實上，基督只有一個，敵基督卻有千千萬萬；真理只有一個，錯謬卻以千萬個不同的面孔層出不窮。信徒對抗異端迷惑的最佳良方，就是更多的認識基督。在一個被偉大的基督所充滿的心裏，就絕沒有異端邪說的容身之處。

保羅高舉基督為獨一和至高無上之主，不是單單為了闡明神學或糾正錯誤的思想，也是對信徒發出一個挑戰：究竟誰掌管我們的生命？

究竟甚麼是我們最深的渴慕？保羅堅持當我們更認識基督時，我們的生活也更合乎主的要求，更以他為中心，凡事都奉他的名和以感恩的心而行(一10，二6，三15～17)。因著基督的緣故，我們一切人倫的關係和責任，也被賦予新的意義和更崇高的標準(三18～四1)。

8.3. 以弗所書

8.3.1. 寫作背景和目的

以弗所書的寫作背景引起了學術界極多的爭論。首先，無論在思想內容或文辭表達上，以弗所書都與歌羅西書十分相似，例如：

- 兩者都對家庭人倫規範有詳細的教導(弗五21～六9；西三18～四1)；
- 兩者在原文裏有些幾乎是相同的字句(弗六21～22和西四7～8；弗一7和西一14)；
- 兩者都有一段崇高的基督論(弗一3～14；西一15～20)；
- 兩者都強調基督為信徒在現世所帶來的福分(弗一3，二6；西一13、26～27，三1)，而沒有特別強調主的再來或最後審判等末世課題。

可見兩書當有相近的寫作背景，然則，究竟保羅為何要寫兩封如此相近的書信？

此外，幾乎所有的保羅書信都是處境性的寫作，而書信中也通常反映了不少的爭論。但以弗所書卻是惟一的例外，似乎並非為回應某一特定處境或爭論而作。

根據使徒行傳的記載，保羅曾在以弗所逗留了3年之久，對當地信徒有很深的認識和感情（參徒二十17～38）。然而，以弗所書卻缺乏個人和地區的色彩，不單沒有個人性的問安語，也見不到保羅書信慣常對信徒那種關愛的熱情。保羅與讀者之間好像並不熟悉，保羅只是「聽見」他們的信心和愛心（一15），他們也只是「**聽見**」保羅的職分（三2）。此外，以弗所書的風格比較接近神學論述和莊嚴的頌讚禱文，與保羅一般的書信頗不相同，特別是書中有好些極其**冗長複雜的句子**（比歌羅西書尤甚）和從未見於保羅其他書信的詞彙。因為這些莫名其妙的現象，不少學者認為以弗所書並非保羅的作品，而是後人（可能就是阿尼西謀！）以他的名義所寫的，作為保羅書信的總綱和導引。

三章2節的「知道」，在原文是「聽見」。

除了信首的問安語外，以弗所書一章在原文只是兩句句子（一3～14、15～23）！

關於託名寫作的現象，前文已有交代。就以弗所書而論，雖然我們不能排除這書是某人託保羅之名而寫的可能性，然而早期教會信徒都深信保羅是以弗所書的作者，完全沒有任何的文獻證據顯示作者是另有其人。再者，書中的思想與保羅的其他書信有很多共通點，甚至有學者稱之為保羅神學的精華，是保羅的使命和神學思想的綜合集成。這位佚名的作者既有如此的神學天才和屬靈洞見，且文風餘韻幾達可以亂真的地步，可謂與保羅本人不相上下，為何此人卻會在早期教會寂寂無聞？

一個最能夠解釋以弗所書特徵的看法，就是這封所謂「以弗所書」其實不是專為以弗所的信徒而寫的。事實上，一章1節的「以弗所地方」雖然見於大部分的抄本，但最早期和最優良的抄本均沒有這短語。況且，刪去了這短語的原文句子反而顯得更通順。據此，以弗所書很可能是一封供以弗所一帶的亞細亞省教會傳閱的公函，目的是要提供一些普遍性的教導和勸勉。所以保羅在信中略去受信教會的地點，也沒有針對個別教會處境問題的教導。然而，因為以弗所可謂是亞細亞省最重要的城市，我們可以推測在那裏所保留的書信副本一定遠較其他城市為多，及後流傳亦較廣；由於以弗所的確是受信地點之一，這些流傳下來的副本很可能會加上「以弗所地方」這短語，久而久之，人們便很容易將此信與以弗所聯繫起來。

因為保羅在歌羅西書中提過一封由他寫給老底嘉教會的信（參西四16），一些學者認為這封信就是以弗所書。此說有少許早期教會傳統的支持，但因為沒有任何一份以弗所書的抄本在其一章1節處出現「老底嘉地方」一詞；而且保羅寫給老底嘉教會的信應該比我們的以弗所書較為個人化，所以以弗所書不大可能是專為老底嘉教會而寫的。當然，這並不排除老底嘉——如以弗所一樣——是收信對象之一。

保羅沒有在以弗所書提到他被囚的地點，不過，如果以弗所教會是受信對象之一，此信就當然不會是在以弗所寫了！

如前文所述，以弗所書與歌羅西書有不少相似的主題與用字，且都是由推基古送去的（弗六21～22；西四7～9），所以兩封信應該大約是同期的作品，都是在保羅**被囚於羅馬期間**寫成的。保羅為何要寫以弗所書呢？他在信中並沒有清楚明言，不過一個可能的推測是，保羅在被囚期間，有餘暇對福音作深層的反省，醞釀出更成熟和完滿的神學思想。所以當他寫下歌羅西書，對侵擾教會的異端予以駁斥之後，便接續寫成以弗所書，將上帝在基督裏的奧祕計劃——特別是基督為教會元首及其含義——作進一步的發揮，並趁推基古送信往歌羅西之便，託他將本書帶給亞細亞省各教會傳閱，藉以幫助信徒靈命的成長，並同時向各教會報告保羅的近況（弗六21～22）。因為本書（特別是上半部）的焦點是上帝那永恆和智慧的計劃，而不是個別信徒的情況，所以保羅的措辭自然比較優雅和莊嚴，也因而充滿了禱告和頌讚的氣氛。

8.3.2. 內容

以弗所書與歌羅西書一樣，由兩部分組成。一至三章是教義的論述，闡明教會作為基督的身體的屬靈福氣；四至六章則主要是生活的勸誡，闡明信徒在基督裏的屬靈責任和表現。

你通常會為甚麼事而衷心感謝和讚美上帝呢？

這意味著一個「已實現的末世觀」（realized eschatology）：信徒不單與基督的受死和復活聯合，也與他的升天聯合，所以可謂已經預嘗天上的榮耀和福分。

在簡短的問安之後（一1～2），保羅用讚歌的文筆，為信徒在基督裏所領受的**天上各樣屬靈的福氣**而頌讚上帝。保羅一浪接一浪的讚美，描繪出三位一體之真神在救贖工作中的角色：聖父策劃救贖，揀選信徒（一4、10～12）；聖子是上帝救贖計劃的中心，他的死成就了救贖（一7、10）；聖靈成為救贖的印記，保證信徒可以承受上帝於基督再臨時將要完成的榮耀救贖（一13～14）。

讚歌之後是一段感恩和代求的禱告，祈願信徒更能認識上帝，並了解他們在基督裏的榮耀基業（一15～19）。正如在歌羅西書一樣，保羅的感恩禱告帶進了一段對基督榮耀的描述（一20～23）。然而，保羅不但宣稱上帝使一切宇宙的權勢都臣服在基督的大能統治之下，更強調這是為了教會的緣故。此外，像歌羅西書一樣，保羅說基督是教會的元首，但他在這裏更進一步發揮說，教會是基督的身體，是充滿萬有的基督所充滿的。

保羅繼而描述信徒如何在上帝這個宇宙性的榮耀救贖計劃裏扮演重要的角色。為了幫助讀者認識上帝的無限恩典，保羅將他們信主前被罪捆綁的絕望景況（二1～3），與蒙主拯救後的榮耀景況（二4～7），作了一個強烈的對比。保羅強調他們之可以得救，完全是藉信心接受上帝白白的恩典，自己實在一無可誇（二8～10）。

保羅描述了上帝對信徒個人的恩典後，便轉而描述上帝對整個信徒羣體的恩典，這在救贖外邦人一事上尤為明顯（二11～22）。這恩典不僅使外邦人轉離異教的信仰，得以有分承受上帝對猶太人的應許，更使他們與猶太人成為一個新的族類，彼此成為同胞，成為家人。保羅稱他所傳的福音為和平的福音（二14、15、17），因為藉著基督在十字架上的死，外邦人和猶太人之間歷來的冤仇已一筆勾銷。現在他們同被建造成為一所新的、沒有圍牆阻隔的聖殿，那是聖靈的居所。

你在信主前後的生活有何不同呢？如果上帝任憑你自己在信仰上摸索，你認為你會信主嗎？

你與弟兄姊妹之間有「牆」嗎？若是有的話，你會如何拆掉這「牆」？

在保羅時代，耶路撒冷的聖殿外院有一道超過一公尺厚的牆垣，禁止外邦人繼續前進，並有希臘文和拉丁文的告示，嚴厲警告他們不得進入聖殿內院，違者處死。事實上，保羅之所以成為一個囚犯，也正因此而起。當保羅返回耶城不久，一些來自亞細亞一帶、一直追蹤著保羅的猶太人，就誣告他帶了以弗所的外邦人特羅非摩進入聖殿（徒二十一27～36）。這些猶太人煽動羣眾暴亂，將保羅抓住，若非羅馬軍官及時搶救，保羅早已被他們就地正法了！保羅提到這道標誌著外邦人與猶太人之間勢不兩立的牆，對他自己和以弗所一帶的亞細亞省教會的讀者來説，肯定是相當深刻的。

論述過基督在教會所締造的和平後，保羅重拾在一章15至19節為信徒的禱告（三1）。可是他剛開始提到自己為向外邦人傳福音而成了囚徒，還沒有講到禱告的內容，便情不自禁地插進了另一段關於這福音和自己使命的描述（三2～13）。保羅指出自己本來是微不足道的，但上帝的選召和所賜的能力卻

上帝的偉大能力往往彰顯在軟弱的器皿裏；你有獻上自己的微薄力量讓上帝使用嗎？

使他可以承擔重任，將上帝在基督裏的奧祕旨意向外邦人宣揚（三7～9）。在一章10節，保羅早已提到「上帝在時機成熟的時候要完成的計劃就是：要使天上和地上一切被造的都歸屬基督，以他為首」。而在這裏，保羅更進一步指出這奧祕已顯明和實現於教會裏（三10），因為外邦人已藉著福音與猶太人同歸於一，分享上帝的福澤，成為以基督為首的一個身體，向全人類和靈界一切權勢見證上帝永恆的智慧。當信徒明白上帝這奧祕救贖計劃的偉大後，便不必為保羅在傳福音過程中所經歷的苦難而灰心氣餒，倒要以此為榮（三13）。

你通常會為甚麼事情而恆常迫切地祈禱呢？

接著，保羅回到本章1節打斷了的禱告。他祈願信徒的生命能夠藉著聖靈所賜的力量而強壯起來，並能因信得以在基督的愛中紮根，更深地體會他那莫測的愛（三14～19）。當保羅想到上帝在我們當中可以成就一切的偉大能力時，便又情不自禁地再湧出另一波的讚美來（三20～21）。

基督和聖靈所締造的和平與合一，必須彰顯在信徒的相處中。保羅以連接詞「所以」（四1；另參羅十二1；西三5）引入書信的生活實踐部分（四～六章）。他特別針對教會和家庭內關係的維繫，首先提醒信徒共同成為耶穌基督門徒的身分，憑這合一的基礎，就努力活出合一的理想。在保羅的教導中，真理和生活是不可分割的。沒有一至三章榮耀的屬天異象，要嘗試在地上活出四至六章的公義仁愛，必然是徒勞無功的；反過來說，若非在地上有聖潔和諧的生活，榮耀的異象也必漸漸黯然失色，趨於幻滅。

合一並不等於一律化，而是多元性的彼此配搭，一同成長。你懂得欣賞與你不同的弟兄姊妹和他們各自的貢獻嗎？還是你要求每個弟兄姊妹都與你一樣？

保羅首先強調信徒的合一是與他們的蒙召緊密相連的，他們得救的共同根據、經歷與盼望（「一主」、「一信」等），使他們成為同一個基督身體的肢體（四1～6）。高升的基督更賜下了各樣的恩賜和職分，使各肢體互相配搭，發揮個別的功用，幫助整個身體的成長（四7～16）。

你是否知道，即使你並沒有偷竊，但如果你對身邊有困難的弟兄姊妹袖手旁觀，你可能仍然是一個賊！

如歌羅西書一樣（西三5～17），保羅將舊我和新我的表現作一對比，從而帶出一些普遍性的道德勸誡（四17～五20）。他嚴厲地批判外邦人腐敗的道德生活，提醒信徒必須與這種舊我的生活一刀兩斷。然而保羅不單消極地勸他們不要犯罪，更呼籲信徒要積極地向基督學習，以新我的行為取代舊我的行為。例如從前撒謊的，現在必須以愛心説誠實話（四15、25）；從前偷竊的，現在要誠實工作，以致能夠幫助貧窮的人（四28）；信徒又要以造就人的話來取代傷害人的話（四29）；以被聖靈充滿來取代酗酒（五18）。

在原文的結構裏，五章19至21節是要解釋如何「被聖靈充滿」，即包括在崇拜時與其他信徒一同從心底湧出聖詩靈歌來頌讚主、感謝父上帝和彼此順服。保羅的教導可能是針對希羅世界一些異教崇拜的縱酒狂歡表現作一對比。

保羅在「彼此順服」（五21）的大前提下，討論信徒在家庭內各種關係的相處原則（五22～六9）。保羅在這裏的吩咐基本上與歌羅西書很相似。不過，他對夫妻相處的教導卻明顯詳盡得多（五22～33）！這當然是相應於以弗所書有關基督和教會的主題。他指出夫妻雙方在身體上的聯合正表明了基督與教會在靈裏聯合的奧祕（五31～32），所以夫妻必須以愛和順服相待，正如基督與教會的相待關係一樣。

雖然這屬靈軍裝容易使人聯想起羅馬士兵的軍裝，但保羅的描述主要是取材自舊約以賽亞書（五十九17；另參十一5，五十二7）和次經《所羅門智訓》（5.17～20）對上帝的軍裝的描繪。

在道別（六21～24）前，保羅提醒信徒並不是與血肉之軀爭鬥，而是與整個宇宙的邪惡勢力作戰（六10～12）。所以他們必須穿戴起**上帝所賜的屬靈軍裝**，特別是靠著聖靈時刻祈禱。保羅也指出這屬靈的爭戰是關乎整個信徒羣體的，所以他們不單要為自己禱告，也要不斷地為其他信徒和保羅的福音事工禱告（六13～20）。

• 圖為發現於以弗所的一幅浮雕，上面刻有一位準備進攻的羅馬士兵（亦可能是格鬥者）。這士兵手中拿著一把短劍（約0.5米或18寸長），在實際打仗時，亦可能使用長劍。讀者可比較以弗所書六章11至17節的描述。

以弗所書摘要

信息：闡述教會的特性，解釋基督與教會的關係，並勸勉信徒過彼此合一的生活。

作者：保羅

寫作日期：約公元60至62年間

大綱

A. 問安（一1～2）

B. 教義的論述：闡明教會作為基督的身體的屬靈福氣（一3～三21）

- a. 讚美上帝在基督裏所賜的屬靈福氣（一3～14）
- b. 為信徒能更多認識上帝而祈禱（一15～23）
- c. 信徒出死入生（二1～10）
- d. 基督在十字架上的死所締造的和平（二11～22）
- e. 保羅宣揚在基督裏的奧祕（三1～13）
- f. 為信徒祈禱（三14～21）

C. 生活的勸誡：闡明信徒在基督裏的屬靈責任和表現（四1～六20）

a. 教會的合一(四1～16)
b. 新舊生命的對比(四17～五20)
c. 基督徒的人倫關係(五21～六9)
d. 屬靈的爭戰(六10～20)
D. 結語及祈禱(六21～24)

8.3.3. 信息

以弗所書清楚地闡述了上帝在基督裏的奧祕計劃，特別是祂如何在教會裏和藉著教會成就祂的永恆心意。

保羅對教會的描述可謂如詩如畫，既莊嚴偉大，又完美無瑕。可是，當我們環顧今日教會的實況，觸目的往往是真理上的模糊錯謬和道德上的妥協敗壞，而冷淡、隔閡、紛爭和偏見更可謂是司空見慣(就好像哥林多教會一樣)，與以弗所書的異象委實有雲泥之別。在今天個人主義高漲的世界裏，一個很自然的趨勢就是獨善其身，強調信徒與基督的個人關係：「不要看教會，只要看基督。」甚至變成了「不要教會，只要基督」。

我們不能否認地上教會確實有不少令人憂傷又令聖靈憂傷的事，必須悔改糾正。然而，一種孤芳自賞、自命「世人皆醉，惟我獨醒」的態度，對保羅來說是不可思議的。我們對教會的拒絕和批判，不單反映了教會的屬靈情況，也反映了我們自己的屬靈情況，反映了我們與基督的疏遠，以致沒有以基督的眼光來看教會、以基督的愛去愛教會、以基督的犧牲去服事教會。若基督看教會為美麗寶貴，我們又怎能對教會不屑一顧呢？我們必須小心，不要藐視上帝的教會，對上帝在弟兄姊妹生命裏的工作視而不見。我們也要捫心自問，對教會的委身究竟有多少？我們多少時候只會為自己求？又曾幾何時為弟兄姊妹的屬靈成長擺上禱告？

以弗所書也提醒我們，屬靈的真實只能被上帝所開啟的心眼看見。現今社會被世俗主義和物質主義所籠罩，一般人認為只有看得見、摸得到、感官經歷到的事物，才是真實和可靠的，但保羅卻將我們帶到一個超乎現世感官經歷的天界，窺見我們在基督裏的福氣和穩妥；無論這世上發生甚麼事情，我們在天上的永恆基業是沒有任何勢力或環境可以奪去的。保羅也給我們看見上帝在教會當中的榮耀計劃和工作，那是遠遠超過人所能想見的。保羅寫以弗所書時不但無權無勢，兼且身陷囹圄，而亞細亞的信徒羣體在偌大的羅馬帝國裏只是滄海一粟，根本不值當時羅馬史學家一提。誰會相信他們會是上帝永恆計劃的焦點？誰能想到，當時可謂是無所不在、無所不能的羅馬帝國卻竟如沙灘上的足印，將隨著時光流轉而消逝無蹤？而當時微不足道的教會經過了歷代以來無數的內憂外患，至今卻依然屹立不倒，甚至無遠弗屆？微小的芥菜種必將成為巨樹(參太十三31～32)，將來教會在天上的榮耀，更是完全超乎我們所能想像的。

最後，瀰漫著禱告和頌讚氣息的以弗所書，是對我們禱告生活的一個挑戰。禱告不僅是屬靈的利器，可以勝過靈界的權勢，它也是心靈的鏡子，反映我們生命的優先次序和心底裏的渴求。保羅並沒有説我們不能夠或不應該為我們的現實需要禱告，但毫無疑問，保羅的禱告是始於、也終於感謝和讚美，因為他最深切關注的，是上帝的旨意和榮耀。以弗所書裏榮耀的異象和屬靈的洞見，是孕育於禱告中的感恩和頌讚。當我們思想上帝無比的能力、無窮的智慧、無邊的大愛和無盡的恩典時，心靈自然湧出敬拜，生命亦藉著敬拜得以轉化和更新，以致我們最關

保羅的禱告充滿感謝和頌讚。你的禱告生活理想嗎？有甚麼需要改進的地方？

注的，不再是一己在世上的成敗得失，而是如何事奉這位偉大的上帝，在祂的榮耀教會裏與眾聖徒在愛中成長，一同頌讚祂，實現祂的永恆計劃。

8.4. 腓立比書

8.4.1. 寫作背景和目的

在第二次宣教旅程時，保羅在特羅亞見到所謂的「馬其頓異象」(徒十六9～10；約公元49/50年)，便立時與他的同伴穿越愛琴海，將福音帶到馬其頓(有關當時的歷史背景，參本書2.5.1.「愛琴海地區宣教旅程」)。腓立比教會就是保羅於馬其頓省首間建立的教會(徒十六11～40)。腓立比的信徒主要是外邦人，他們與保羅有極為親密的友誼(一8，四10)，並屢次在物質上供應他(四15～16；林後十一8～9)。

在其他的監獄書信裏，保羅似乎對自己的前景較為樂觀，但在腓立比書，雖然他一方面也認定自己將會被釋放(一25～26)，但另方面卻又考慮到自己可能會快被處死(一19～24，二17；另參三11)。這與使徒行傳二十八章所載保羅初到羅馬時那種較輕鬆自由的氣氛明顯不同，暗示保羅被囚的情況和前景已經惡化，或至少已進入了一個新的緊張階段。所以傳統認為腓立比書是保羅在羅馬被囚較後期的作品。

當保羅坐牢時，腓立比教會差派了以巴弗提帶備禮物前往探望，給予保羅精神上和經濟上的支持。不料以巴弗提竟患了重病，性命岌岌可危，消息傳回腓立比，使教會十分擔憂。然而，因著上帝的憐憫，以巴弗提終得病癒。所以保羅便打發他回去，以免教會掛心，並順便寫了一封信託他帶回去。從內容來看，腓立比書的目的是要答謝教會的餽贈和在福音上的共同勞苦。他也毫無拘束地表達了自己對腓城信徒的想念之情，並報告自己的近況（可能是回答他們關切的問候）和分享自己的感受，藉以鼓勵他們。此外，保羅也就他所聽到的教會內一些人際關係的問題，給予教導、勸告和指引，並趁機告誡信徒提防假教訓。

8.4.2. 內容

沒有愛心的知識會容易令人自高自大；而沒有知識的愛心卻又會使人誤入歧途。愛心和知識並不是對立的，而是相輔相成的。

你是「愛心型」還是「知識型」的基督徒呢？你有否為自己和弟兄姊妹祈求上帝賜予愛心和知識的平衡呢？

問安之後（一1～2），保羅為腓立比信徒的愛心和在福音上對他的支持，由衷地感謝上帝，並祈求上帝使他們的**知識隨著愛心增長**（一3～11）。保羅對腓立比信徒的摯愛和那種喜樂之情，不單在這感恩禱告中躍然紙上，更是洋溢全書。

腓立比教會很擔心保羅坐牢的情況，保羅也恐怕他們對主的信心會因他的被囚而受到打擊，所以便趕快告訴他們，儘管自己身處獄中，福音事工卻沒有受到阻礙（一12～26）。相反，連王宮警衛隊全體都因而得聽福音，當地的信徒亦受到保羅見證的激勵，更加勇敢地傳揚上帝的信息（一12～14）。

不過，有些傳揚福音的使者可能別有用心，他們因嫉妒保羅的成就，就帶著競爭的心態去傳福音；並趁著保羅坐牢的時候毀謗他，從而建立自己的威信。這無疑等於落井下石，使保羅經歷到比坐牢更深的痛苦。然而，當保羅想到，雖然他們的動機不純，但基督還是被傳開了，所以就化悲為樂（一15～18）。

接著，保羅向信徒表白他生命的目的（一19～21）。在寫信之時，保羅實在是生死未卜的。可是，他所關注的，並不是個人獲釋與否的問題，而是自己不致作出任何有愧於心的事。他盼望自己有忠心和勇氣，無論生死，都能夠榮耀基督。談到生死的問題，保羅覺得實在難以取捨（一22～26）。能夠死去與主同在，固然是最好不過，然而，這只是著眼於個人的利害得失而得的結論。對保羅而言，愛基督的涵義，也包括愛基督所愛的教會。因此，他拒絕將自己的屬靈好處放在他對教會的責任之上。為了弟兄姊妹的益處，甚至進天堂也可以押後！

我們在教會作一些重要的決定時，是否只是從個人的利害得失出發？有否考慮到這些決定對教會整體的影響？

保羅交代了自己的情況後，便轉而勸勉腓立比信徒要有與福音相稱的行為，尤其是他們應該同心地堅守信仰，為福音奮鬥和受苦（一27～30）。接著，他就對合一和相愛的主題加以發揮，指出基督如何放棄自己的特權，成為信徒謙卑捨己和順服的榜樣（二1～11）。因此，信徒必須有一個順服的生活，放棄一切只會破壞教會合一的埋怨和爭論，在世人面前活出美好的見證。當他們如此在得救的生命裏努力，便顯明上帝在他們心裏的工作（二12～18）。

基督犧牲的大愛，足以使我們赴湯蹈火，也在所不辭。但保羅在這裏所提出的最實際的要求，只是叫我們凡事不要埋怨和爭論。你做得到嗎？

基督的讚歌

腓立比書二章6至11節可謂是新約聖經中一段最著名的經文。很多學者認為保羅在這裏引用了一首早期基督教的詩歌，不過，這詩歌也有可能是出於保羅自己的創作或改寫。

這首「基督的讚歌」分為兩段，既美麗又公整：前段的主題是基督的虛己（二6～8）；後段是基督的榮升（二9～11）。因為這讚歌涉及基督在道成肉身前的存在、他的神性、和他的「倒空」等等深邃的神學思想，但卻沒有詳細解釋，所以在教會歷史中，這段經文就產生了無數釋經和神學的爭論。

其實，保羅引用這讚歌的目的並不是要闡述一個系統的基督論，而是為勸勉信徒謙卑和合一提供理據和榜樣。驟眼看來，保羅引述如此重量級的神學思想來呼籲信徒不要埋怨和爭論，似乎有用牛刀割雞、小題大作之嫌。然而，這正反映出保羅神學的實用性：他從不空談抽象的神學理論，無論如何深邃的神學教導，都是為了信徒生命的轉化和更新。

不幸的是，當釋經家和神學家嘗試從這首讚歌來闡發基督神人二性的微妙而複雜的關係時，卻往往忘記了保羅的基本目的。而更諷刺的是，保羅原對信徒謙卑合一的衷心呼籲，竟變成了信徒之間爭勝相鬥的戰場！

保羅很希望知道更多關於腓立比教會的消息，所以等到事情比較明朗，他便會差派提摩太去腓立比，他也表示希望親自回去探望他們（二19～24）。現在因著上帝的憐憫，以巴弗提已經痊癒，保羅便打發他先回去腓立比，與教會團聚（二25～30）。保羅指出提摩太和以巴弗提都是信徒的好榜樣。

為了更加認識基督，你願意放棄甚麼呢？

在三章，保羅辭鋒一轉，告誡信徒不要受到猶太主義者的迷惑，以為要接受割禮才可以成為上帝的子民（1～3節）。保羅回顧自己昔日那種無懈可擊的猶太教背景（4～6節），藉此證明他之所以拒絕割禮和猶太律法作為得救的條件，並不是因為他沒有這些條件，而是因為當他認識基督的寶貴時，自身價值觀和生命的目標產生了巨大轉變，以前一切可誇耀的資本都已失去了價值和吸引力（7～11節）。因此，保羅毫不留戀從前的輝煌，一心一意只注目將來在基督裏的榮耀，他也相信一切成熟的信徒都會認同這想法（12～16節）。

保羅講完了自己的見證後，便順勢呼籲信徒效法他和那些跟隨保羅的榜樣而行的人。他再三叮囑他們必須遠避不好的榜樣，也就是指那些猶太主義者（三17～18）。這些人嚴守律法上的飲食規條，等於敬拜自己的肚子；他們誇耀割禮，等於以不體面的下體為榮；這種對肉體的強調表明了他們所關注的只是世上的東西(三19)。但基督徒卻是屬天的公民，有一天會得著真正榮耀的身體(三20～21)。

在**腓立比**教會中，有兩位曾在福音事工上與保羅同工的姊妹發生了爭執。保羅先勸她們和好，也請教會其他人協助調解(四2～3)。然後，保羅給信徒一些普遍性的勸勉，鼓勵他們要喜樂、忍耐、信任、禱告、感恩以及要有崇高的思想(四4～9)。

腓立比城是羅馬帝國的殖民地，很多居民都是離鄉別井的羅馬公民，所以保羅有關天上公民的描述，對腓立比信徒而言，有特別深刻的意義。

最後，保羅答謝腓立比教會此次的饋贈和他們向來對他的關愛。然而，最使保羅高興的，不是腓立比教會對他在經濟上的資助，而是信徒慷慨捐助的熱心成了上帝所悅納的祭品。他深信腓立比教會必定會得到上帝豐富的賞賜(四10～23)。

腓立比書摘要

信息：保羅分享他個人在信仰上的心路歷程，並他在獄中對喜樂和滿足生活的體會。

作者：保羅

寫作日期：約公元60至62年間

大綱

A. 問安(一1～2)
B. 保羅為腓立比教會的禱告(一3～11)
C. 保羅的處境和感受(一12～26)
D. 在基督裏的生活：謙卑和合一的勸勉(一27～二18)
E. 介紹提摩太和以巴弗提(二19～30)
F. 提防敵人和其他的危險：以保羅自己為榜樣(三1～四1)
G. 教導與勸誡(四2～9)
H. 感謝腓立比教會的經濟支持(四10～20)
I. 問安與祝福(四21～23)

8.4.3. 信息

腓立比書是一封答謝朋友餽贈的信，但因為保羅的生命是如此充滿基督，以致這個簡單的目的被極度發揮，變成了一個基督如何成為保羅生命目標的見證和宣言。保羅屢次提到榜樣的重要(一30，二5，三17，四9)，也藉著信中的自述和感受分享，給我們看見他自己的寶貴榜樣：無論在甚麼樣的環境裏，甚至在死亡的陰影籠罩之下，都可以榮耀基督。

對任何人來說，坐牢絕不是容易承受的事；對一個像保羅這樣天才橫溢的人來說，更必定會為自己的雄心壯志一籌莫展而心靈傷痛。在這個時候，他正極需要關愛與禱告的支持，但卻竟然受到同道的攻擊。這些人對他沒有愛，只有批評；不單沒有分擔他的重擔，更刻意地加增他的擔子。在如此的情況下，相信很多人都會心懷怨恨，對上帝的掌管失去信心，甚至會質問上帝：「如果你要我事奉你，為何不為我開路？這麼多生活的難處已使我精疲力竭，那裏還有餘暇或餘力去事奉？」

不少人向困難俯首稱臣，讓自己每天的生活受困難所左右，讓心思情感都環繞著這些困難來兜轉，日有所思，夜有所夢，隨時隨地都念念不忘。他們事奉自己的困難，簡直比事奉上帝更熱心和恆切。

但保羅卻拒絕向環境低頭。透過信心的眼光，保羅看到自己所遭遇的困難只是上帝恩典和愛的工作，為要使他更認識基督，更榮耀他。因為基督比他個人的計劃理想或生死榮辱重要得多，或者更正確地說，他的生死已經與基督聯合(一20～21，三10)，所以他的喜樂是在基督裏的喜樂，那是沒有甚麼可以奪去的喜樂。

大概不會有很多人坐過牢，但是，生活在這個多難的世界裏，我們不能逃避各種有形無形的牢籠、限制和挫敗。無論是學業的困難、經濟的拮据、事業的失敗、情場的失意、疾病的折磨或人際關係的衝突，每一樣都好像要將我們壓倒。有時我們會以為，如果困難不見了，環境改善了，有一個更溫柔的妻子，有一個更體貼的丈夫，有更孝順的兒女，有更體諒的父母，我們就可以更好地事奉上帝；如果有更多的時間、更多的金錢、更多的恩賜、更多的自由，我們就必定成為更好的基督徒！

但腓立比書提醒我們，比環境順逆更重要的是，我們有否一顆渴慕榮耀基督的心？如果有的話，我們就可以分享到保羅那種超越環境的喜樂精神，並能與他同說：「我活著，是為基督；死了，更有收穫！」(一21) 反觀這世界，有財有勢、有自由、有才幹、有時間、一帆風順的人比比皆是，但他們活著固然不是為了基督，死了更沒有收穫。而且，對他們來說，死亡是極大的打擊，是無可挽回的損失，是他們失去一切的大限。但如果我們生活著的目標是為了認識基督、愛基督和榮耀基督，那麼，死亡只會使我們更接近他、更認識他、更愛他和更榮耀他。死亡並不能使我們的人生歸於幻滅，它只是這人生的延續及升華。

保羅那種超越環境的喜樂精神對處身困境的你有何提醒？

溫習問題

1. 保羅為何選擇冒險犯難返回耶路撒冷？（徒二十22～24，二十一4、10～14）？若你是保羅，你會如何選擇呢？
2. 保羅雖然身陷囹圄，但上帝卻藉此透過他寫下了4卷的監獄書信，試寫出這4卷書信的名稱。這4卷書信有甚麼重要性？
3. 保羅怎樣為阿尼西謀向腓利門求情？（門8～21）這事件反映出保羅牧養教會的觀點如何？這對今天的傳道人有甚麼提醒？
4. 腓利門書反映出保羅的社會倫理觀念如何？
5. 歌羅西教會面對甚麼信仰危機？（西二8～23）保羅又怎樣教導他們處理這危機？（西三1～17）
6. 請簡述歌羅西書中有關基督的論述。（西一15～20）
7. 以弗所書與歌羅西書有何相同之處？
8. 在以弗所書中，「上帝奧祕的計劃」是甚麼？（弗一9～10，三1～13）有人說「不要教會，只要基督」，你怎樣回應？
9. 以弗所書充滿著禱告和頌讚，這反映保羅最深切關注的是甚麼？
10. 保羅在腓立比書所表述的生命目標和宣言是甚麼？（腓一19～21）這如何成為你的榜樣？
11. 保羅在遭遇苦難中為何仍有喜樂？（腓一12～26）這對你有何提醒？

第九章

教牧書信

- 提摩太前書
- 提多書
- 提摩太後書
- 教牧書信的信息

古往今來的著名人物，幾乎都必定有忠心的助手扶持，方能成就他們的豐功偉業，並使這些功業得以延續下去。保羅也不例外，他雖然受到基督特殊的呼召和任命，也得到一時無兩的恩賜，但他從未以「獨行俠」或「一腳踢」的姿態來完成上帝的工作。

你有一些與你同心事奉的好友嗎？抑或常有孤軍作戰的感覺？

事實上，無論是在使徒行傳或是在保羅的書信裏，我們都很少看到他在沒有同工支持的情況下孤軍作戰。雖然他有時也會經歷眾叛親離的苦況（腓二21；提後四16），然而，推心置腹的同工和朋友總是交織在他的事奉和生命之中。在他書信的署名中，就常常加上同工的名字，表明他們在福音裏的同勞，也表示信中內容是他們的共同信念。如果只有保羅一人署名而沒有提及其他同工的話，通常的原因都是因為這些可信賴的同工正被保羅差派往別處去，代表他探訪教會或處理教會的問題！

在保羅的同工裏，其中最忠心得力的兩位，可算是提摩太和提多。提摩太生長於小亞細亞（今天的土耳其）的路司得，父親是希臘人，而母親是猶太人（徒十六1）。他自幼已受祖母及母親薰陶，明白舊約聖經（提後一5，三15）。提摩太可能是保羅在**第一次宣教旅程**途經路司得時帶領信主的（林前四17；另參徒十四8～21）。提摩太年紀輕輕，卻甚得保羅器重，日後更成為保羅第二次和第三次宣教旅程的同工（徒十六1～3；另參徒十七14～15，十九22；羅十六21）。保羅更多次派提摩太代表自己到帖撒羅尼迦、哥林多和腓立比等地的教會事奉（林前四17；帖前三1～2；腓二19）。

提摩太的母親也大概是在那時候信主的。

在保羅的書信中，提摩太常常成為聯名寫信的人，相信他對書信的內容不無貢獻。雖然提摩太性格有點怯懦（林前十六10～11；提後一6～7)，且身體常有毛病(提前五23)，但他卻盡心竭力地協助保羅，甚至陪伴保羅到羅馬，在他坐牢時給予支持和幫助(腓一1，二19～23；另參徒二十4；西一1；門1)。後來，保羅將提摩太留在以弗所帶領教會(提前一3)。

提多的名字未見於使徒行傳，只出現在保羅的書信中。與提摩太一樣，提多也大概是由保羅帶領信主的(多一4)，及後也成為他的親密同工。他是希臘人，因此未曾受過割禮。他曾跟隨保羅到耶路撒冷會晤當地的教會領袖(加二1～10)，在會議中，提多應否受割禮成為爭論的焦點。因著保羅的堅持，耶城教會的領袖終於同意信主的外邦人無須受割禮而同被接納為上帝家裏的一分子；而提多也始終沒有被迫接受割禮(加二3)。

你在事奉中有否謙卑學習與人同工？你又有否著意栽培後輩和接班人？接班人對於事工的發展有多重要？

提多大有可能在第二次和第三次宣教旅程中均陪伴和協助保羅。保羅對提多極其信任，曾派他到哥林多教會處理幾件相當棘手的事。而提多也不負所託，不但促使哥林多信徒與保羅和好如初，更協助和監管他們為耶城信徒籌集捐獻(林後七5～16，八6、16～24，十二18)。對保羅而言，提多不單是得力的助手，也是休慼與共的好友(參林後二12～13，七5～6)。後來，提多留在克里特帶領教會(多一5)，後又曾在希臘的尼哥坡里與保羅相會(多三12)，再被派往馬其頓西北的撻馬太(提後四10)。

提摩太和提多不單是保羅的忠心助手，也是繼承保羅偉大的福音事工的接班人。本章所要討論的提摩太前後書和提多書，就是保羅在晚年時期對這兩位同工在牧養工作上的鼓勵和指引，讓福音真理和工作可以一脈相承地傳遞後世。傳統認為，這幾封所謂「教牧書信」，是保羅在羅馬第一次被囚獲釋後，約在公元63至67年間寫成的。要留意的是，這3卷教牧書信的寫作時序與新約聖經的編排略有不同。提摩太後書是保羅在羅馬第二次被囚期間在監獄裏的絕筆（參提後四7「該跑的全程，我已經跑完」），而保羅寫提多書時卻是自由之身，信中還提及若干未來的計劃（多三12）。這些迹象都顯示提多書較提摩太後書更早成書。

保羅的晚年

我們對保羅的晚年所知無幾。他在羅馬被囚上訴期間首兩年的日子（約公元60～62年），使徒行傳只給了我們很簡單的記載（只有16節的經文，即二十八16～31），全書便在此匆匆了結，並沒有交代上訴的結果和以後發生的事情。根據教牧書信內容和一些早期教會的傳統，福音派學者大多認為保羅在羅馬因為罪名不成立而一度被釋放。後來，他曾返回希臘、馬其頓及亞細亞等地**繼續工作**，在那時寫成了提摩太前書和提多書（約公元63～64年）。及後尼祿王對基督徒展開了殘酷的逼迫，保羅亦因而被牽連，再次被囚羅馬，在這期間寫成了提摩太後書（約公元65～67年間），最後被斬首而殉道。這個看法似乎最能解釋現存的資料，但事情的實況和細節，我們實在不得而知。

早期的教父革利免更說保羅「到了西方的界限」，大概是指羅馬或西班牙。

因為關於保羅第一次在羅馬被囚獲釋以後的資料甚為缺乏，所以教牧書信的寫作背景，幾乎必須完全藉著書信本身的內容來重構。可幸的是，這幾封信的主旨是相當清楚的。

• 圖為位於羅馬城的「提多拱門」，這拱門（寬13.5米，高15.4米，深4.75米）是為紀念提多將軍攻陷耶路撒冷而建的，在提多將軍去世後才建成，但實際落成的日期卻未能確定，約於公元81年。

整體而言，這幾封教牧書信都有相似的主題和詞彙，例如對異端的責備和提防、對持守真理的強調、和對基督徒在這世上過一個敬虔生活的指引等。明顯地，這些書信的重點，是要使教會建立在穩固的真理根基上，免受異端邪説的迷惑和因這些錯謬而帶來道德的敗壞。為此緣故，保羅強調教會是真理的柱石和基礎(提前三15)，書中除討論到教會的規矩、以及教會領袖和信徒的行為守則外，也有以信條形式表達的教義道理，好使教會的立場更加清晰堅定(提前三16；提後二8)。

由於提摩太和提多對使徒真理的教導已是耳熟能詳，所以教牧書信沒有詳細列舉或闡明這些真理的內容。然而，所謂「真理」，一定包括信中所謂的「可靠的話」(提前一15，三1，四9；提後二11；多三8)和對教會領袖和信徒的品格教導，還有保羅在其他書信裏的神學和倫理觀念等等。

在這3封教牧書信裏，提摩太前書和提多書的內容和用字——特別是關於教會組織和領袖的教導——都極其相似，大概是保羅在相若時期分別寫給兩位同工的信函。相對來説，提摩太後書的語調則較為親切和個人化，書中並沒有正式討論教會領袖的資格，卻集中勸勉提摩太如何成為一個事奉上帝、被祂使用的人。此外，提摩太後書也較多涉及保羅自身的處境，給人一種臨終託付的感覺。

教牧書信的作者問題

3封教牧書信均指出保羅是作者，並顯示了不少關於保羅的個人資料，因此，傳統以來極少人對保羅作為這幾封信的作者表示懷疑。雖然書信中有關保羅、提摩太和提多的資料很難與使徒行傳裏的資料配合，傳統卻認為這並不是難以解決的問題，

因為使徒行傳的記述只是到保羅首次被囚羅馬為止，而教牧書信中所載的事迹卻發生在保羅從羅馬獲釋以後，既超出了使徒行傳的記載範圍，就根本談不上有甚麼衝突了。

例如「敬虔」和「純正」是在教牧書信重複出現的鑰字，卻從未見於保羅另外10封的書信。此外，「信」這字在保羅的其他書信是指人對上帝或基督的「信心」，但在教牧書信裏卻常常用來指「信仰」。

然而，近代不少學者卻認為這個傳統的解釋流於猜測，並沒有足夠的外證支持，他們更指出這幾封信的**詞彙**、風格和神學重點都與保羅其他的書信有別，而且這幾封「教牧書信」所反映的教會組織似乎比較成熟，當是較後期的教會狀況，而書中所抨擊的異端也與盛行於2世紀的諾斯底主義有不少相似的地方。因此，這些學者就推斷這3封書信是在保羅死後，由他的門徒按他的教訓而寫成的託名作品。這些門徒託保羅之名寫作，大概不是要存心欺騙，只是藉此表達對保羅的仰慕和尊重，而且，也可借保羅的權威抵抗異端。至於書信中關於保羅和提摩太那些非常個人性的資料，很可能是出自一些真實的保羅書信的斷片。

學術界對教牧書信作者問題的質疑，絕不是無中生有的，也不一定是出於惡意，為要低貶聖經的權威。這些質疑是有相當的客觀證據和理由支持，也可以幫助我們更敏銳地覺察到這幾封書信的特色。

然而，即使我們撇開早期教會對託名作品嚴厲拒絕的態度（參上文4.1.「作者問題」一節）不談，單從教牧書信本身的內容來說，這個託名寫作的理論也有極大的困難。首先，一位保羅的仰慕者不大可能把保羅叫作「罪人中最壞的一個」（提前一15）。再者，信中很多所謂保羅書信的斷片都是非常個人性的，例如保羅囑咐提摩太要喝點酒（提前五23），又託他將自己的外衣帶來（提後四13）等等。這些內容並沒有甚麼特別的神學或倫理教訓，後人為何要保留這類的資料？又為何大部分的書信斷片都集中在提摩太後書中，而不是均勻地分散在3封教牧書信中呢？此外，這3封教牧書信在內容上並沒有很大的分別，為甚麼託名寫作的人要寫3封而不是簡單地將內容總結為1封呢？尤其是提多書和提摩太前書那麼相似，如果收信對象是虛構的，我們實在不容易解釋為何那作者寫了提摩太前書後，還要多此一舉地寫提多書。

教牧書信與保羅其他的書信在文筆上雖然有明顯的差異，但卻不足作為否定保羅是作者的決定性根據，因為一個人的寫作風格和用詞本會隨著歲月而改變，也會受到環境、代筆人、收信對象和所討論的課題所影響。事實上，我們必須注意，教牧書信是保羅寫給同工的信，信中的語調和處理的課題，特別是關乎教會在組織和紀律方面的問題，是從領導層的角度來討論，這自然與其他寫給教會整體的書信有別。

學者認為教牧書信顯示教會組織的成熟健全，是言過其實的。書信中不錯是用了不少筆墨討論教會的領袖，然而主要的描述都是關乎他們的品格，卻沒有詳細提及他們的工作範圍和職權。而且作者只論及長老（等於「監督」）、執事和寡婦3類人，實在談不上甚麼健全的組織，也無須等到保羅死後數十年才發展得成。當然，教牧書信所顯示的教會並不是處於秩序紊亂的無組織狀態，但卻與2世紀教會的等級制度仍有相當距離。此外，書信中所駁斥的異端與2世紀的諾斯底主義固然有點相似，但歌羅西書也反映類似的情況，我們實在沒有理由斷言這些異端思想不可出現在保羅的時代。

最後，雖然傳統看法必須假定保羅在羅馬曾一度獲釋，但這假定並非毫無根據，因為從監獄書信的內容看來，保羅對自己得釋放可謂有相當的把握，所以，在言談間，他常流露與腓立比和歌羅西信徒再次見面的期盼（腓一25～26；參門22）。總括來說，既然教牧書信明言作者為保羅，而反對的理由亦不充分，所以，傳統的看法仍然是最合理的。

9.1. 提摩太前書

9.1.1. 寫作背景和目的

在保羅赴羅馬之前，早已提醒以弗所的長老們要提防假教師，因為這些假教師必定會趁他離開之後滲入教會（徒二十17～31）。幾年後，事情果真如保羅所料，假教師已在教會有所活動。大概因為這個緣故，保羅在羅馬獲釋後，曾重返以弗所，並在啟程往馬其頓之前（公元62/64年），特別吩咐提摩太留在以弗所處理當地教會的問題，尤其是要制止那些傳錯謬道理的假教師（提前一3）。由於保羅暫時不能回到以

提摩太當時大概30多歲，在當時的文化裏，還可以被稱為「少年人」。

若有一天你的教會來了一位比你年輕的傳道人，而你又要與他合作，你有沒有廣闊的心胸，不但不輕看他，還要協助他牧養和帶領整個教會？

弗所，可能擔心提摩太生性怯懦，**年紀又輕**，在面對異端的挑戰和承擔領導教會的重任上，可能會力有不逮，或容易灰心喪氣，所以就寫了提摩太前書，對提摩太多方鼓勵，並給他詳細的提點。不過，這封信不單針對提摩太個人的需要而發，也是為了教會整體的屬靈好處；保羅在信末為眾人的祈願（留意六章21節的受眾「你們」）也顯示他預期這封信會在教會裏傳讀。

威脅以弗所教會的異端大概是一種猶太和希羅思想的混合體，與「歌羅西的異端」（參上文8.2.1.專欄「歌羅西的異端」）有點相似。因著對律法的錯誤理解（一7），這異端有如兩約之間一些猶太文獻所表達的思想一樣，藉著憑空的想像，對舊約的故事和家譜穿鑿附會，極其荒唐怪誕（一4，四7），卻又以「知識」為包裝（六20），且鼓吹一種禁欲主義，否定創造的美好（四3～5）。此外，傳這些錯謬道理的教師喜好辯論（一6，六4），並貪愛錢財（六5～10）。

這些假教師大概不是外來的，而是教會領導層的一分子，擁有教導的職權。保羅曾經將其中兩人從教會開除（一19～20），但他們可能不肯離開，或離開後繼續迷惑信徒（提後二17～18）。他們似乎特別喜歡從年輕的寡婦入手（提後三6～7），利用她們的輕信來傳播異端，反對真理。因此，保羅鄭重囑咐提摩太注意領袖的資格——尤其是他們的品格和對真理的持守（三～四章）。此外，他也堅持教會應該注重照顧年老無依的寡婦，至於對那些不學無術、易受引誘的年輕寡婦，則當建議她們再嫁，有正常的家庭生活（五9～16）。有些學者認為也許基於這個處境，所以保羅禁止婦女在崇拜中教導和管轄男人（二9～15）。

9.1.2. 內容

儘管保羅與提摩太關係極其密切，然而嚴格來說，這不是一封私人信函，而是達予教會整體的公函，所以保羅問安的語調是相當嚴肅的，他既強調自己的使徒地位，又指提摩太是他在福音信仰上的「真」兒子，這無形中就賦予提摩太督導教會的權柄和責任（一1～2）。

保羅首先吩咐提摩太務必禁止假教師的宣講（一3～11），並以自己的見證來勾畫出他使徒的任命和福音的內容（一12～17），與假教師和他們的錯謬宣講成為一個鮮明的對比。在15節，保羅帶出了第一句「可靠」的話，這些話大概是教會公認的信條或座右銘（另參三1，四9；提後二11；多三8）。保羅並吩咐提摩太要為真理打美好的仗，持守信仰，不要像被保羅開除的舒米乃和亞歷山大那樣喪失了信仰和良知（一18～20）。

保羅隨即討論「我們在上帝的家應該怎樣生活」（三15）的主題，這包括3方面：禱告（二1～7）；崇拜（二8～15）和領袖的資格（三1～13）。

當時暴君尼祿執政，不單濫殺無辜，連親母也下令處死。當時的人民謂他「使鬼魂瀰漫羅馬城」。信徒要為這樣的暴君禱告，可不簡單呢！你能夠為那些你不喜歡的人禱告嗎？

禱告是教會生活不可或缺的一環。保羅強調信徒禱告的廣泛性。基督為「全」人類犧牲代贖，表明了上帝希望人人得救的心意（二4～6），所以信徒必須為所有的人代求，包括君王和有權位的。

當保羅簡要地說明男人在崇拜中禱告應有的態度和表現之後，接著便指出**女人不應專注外表的打扮**，而必須有好的行為，特別是要謙卑順服，沉默學道，維持傳統生兒育女的責任，不可顛倒男女的角色。

在希羅社會裏，女人過分的裝扮常常帶有誘惑男人的含義。

提摩太前書中的婦女問題

保羅在這裏(二8～15)的教導，使不少人認為他是大男人主義者，也有人認為這裏的反女性觀念與保羅在加拉太書宣講的男女平等不符，所以否定保羅是教牧書信的作者。此外，本段經文最令人費解的是15節，那裏提到女人「會因生兒育女而得救」。有些學者認為這裏所提的生產是指基督的誕生，按此，救恩會藉著基督的出生臨到婦女身上。也有學者認為這裏所提的得救是指兒女順產出生，使母親可以平安無事。然而，這些看法都不容易與上下文和書信整體內容扯上關係。

一個較為可能的解釋是，保羅在二章11至15節的教導其實是針對易受假教師迷惑的婦女而發的。在11節，他提到婦女要學習；在14節，他提到夏娃受迷惑；在15節，他提到婦女應生兒育女。同樣，在五章14至15節，他也提到年輕的寡婦應該再嫁，生兒育女，免致隨從撒但；而在提摩太後書三章6至7節，他更指有些婦女受假教師迷惑，以致雖然想要學習，卻無法認識真理。這些經文暗示假教師鼓勵婦女拋棄她們做母親的天職，甚至利用她們作傳播異端的工具，因而引來保羅的強烈反應。

雖然保羅在提摩太前書二章的教導可能是基於這個特殊的背景而來，但我們卻不能因而認為他在這裏對男女角色的教導已經過時，可以置之不理。事實上，保羅書信裏幾乎所有的教導都有它們的處境性和文化性的，但這些處境性卻未抹殺它們作為上帝的話語的權威和適切性，這些教導能夠繼續對每一時代的信徒說話。我們必須謙卑地求上帝給我們智慧，分辨保羅教導中的基要原則和這些原則在某些特定文化和處境裏的表達，並能清楚而有效地在我們現今的處境裏實行出來。有關保羅對婦女事奉和角色的討論，參上文6.1.2.專欄「蒙頭與婦女事奉」的討論。

藉著第二句「可靠的話」(三1)，保羅指出了作教會領袖的基本條件。他提到3類人：監督(《和合本》三1～7；《現修》譯作「教會領袖」)；執事(《和合本》三8～10、12～13；《現修》譯作「教會領袖的助手」)；女執事(《和合本》三11；《現修》譯作「他們的妻子」或「女助手」)。保羅詳論他們的品格與名聲，卻沒有提及他們的工作範圍。作監督與執事的條件很相似，主要的不同是監督必須善於教導（三2），而執事則沒有這個要求，只是能夠持守信仰就可以了。

保羅詳細說明教會領袖的品格，這明顯與假教師的行徑形成對比。這些假教師在道德上的敗壞可能使教會受到外人批評，所以保羅堅持教會領袖必須在教外有好的名聲。我們要留意，保羅在本章對教會領袖的大部分要求都是他對所有信徒的要求（主要的例外是善於教導和不是初信）。換言之，教會領袖必須是模範信徒。

保羅表示他很希望盡快探望提摩太和以弗所信徒（三14），並在此表明他寫信的目的，就是為了在他還未到訪之前，給予信徒在上帝的家生活的指引。教會是真理的柱石和基礎，保羅用「敬虔的奧祕」（《和合本》三16）來描述教會所宣認的福音，帶出了一個相關的主題，就是真理是一切敬虔的基礎（三15～16）。這與異端的教訓和它所導致的錯謬禁欲生活形成對比（四1～5）。

你認為甚麼是「敬虔」呢？你覺得過敬虔的生活有困難嗎？

「敬虔」是教牧書信的一個鑰字，常常用來描述真理（如《和合本》提前三16的「敬虔的奧祕」和《和合本》多一1的「敬虔真理的知識」）。所謂「在敬虔上操練自己」（《和合本》提前四7；《現修》譯作「為着敬虔的生活鍛鍊自己」）在這裏的意思大概不是一般所謂的屬靈操練或生活上的聖潔，而是指在真理上的長進。留意保羅特別將操練敬虔與遠避荒唐傳說對比起來（提前四7），並囑咐提摩太要在真理的教導和長進上多下功夫（四13、15～16）。

如信首所提到的一樣，保羅再次勸勉提摩太要作忠心的僕人和防備假教訓。藉著第三句「可靠的話」（四9），保羅指出操練敬虔的重要性（四7～8；參三16），遠遠超過假教師所強調的禁欲性的身體操練

(四3)。保羅提醒提摩太不要被人輕看，倒要發奮圖強，作信徒的榜樣(四12)。

本書最後兩章主要是關於如何對待教會中不同成員的指引。保羅首先列出一些普遍性的原則，說明信徒應用合宜的態度來對待教會中不同年齡的成員(五1～2)，然後便針對寡婦的問題詳加指引(五3～16)。

慈善工作是你信仰生活實踐的一部分嗎？你認為教會對社會的慈善工作應該有怎樣程度的參與？

在沒有社會福利制度，兼且以男性為主導的古代世界，寡婦常常陷入無以維生的絕境。在舊約聖經，幫助無依無靠的寡婦是以色列人的責任(申十18；賽一17；參詩六十八5)，而早期教會也認為這是一種敬虔的表現(雅一27；參徒九36、41)，甚至成立了一種私營的福利制度來賙濟寡婦(徒六1)。早期信徒的愛心和慷慨，吸引了很多寡婦加入教會，但同時也為教會帶來了不少問題。

這些寡婦大都沒有謀生的技能或就業的機會，此外，像任何福利制度一樣，愛心是很容易被人濫用的，所以對寡婦的照顧自然成了教會沉重的經濟負擔。更嚴重的是，一些年輕寡婦因為沒有工作，又無須照顧家庭，所以既然有教會的經濟擔保，便乘機盡情享樂，專管閒事。可能為了博取教會的同情和支持，她們曾經許願守寡，專心服事主，但至終卻不能抑制自己的性欲，以致背信食言，離棄基督，甚至成為假教師利用的工具，傳播錯謬的道理。

保羅提供了3方面的對策：

1. 信徒必須照顧自己的家庭，不可將責任推給教會(五4、8、16)。

在現今社會，甚麼人需要教會賙濟？甚麼人不需要呢？

2. 接受教會賙濟的寡婦必須真的是年老無依，並有好的德行和服事的工作(五3、5、9～10)。

❸ 年輕的寡婦不應接受賙濟，以免她們無所事事。保羅寧願她們再嫁，有正常的家庭生活（五11～15）。

保羅說這些話大概因為以弗所教會的領導層出現了嚴重的問題，所以才有感而發。

信徒要尊重教會的領袖，尤其是那些專心致志治理教會和教導信徒的長老，更應得到加倍的酬報，得供應生活所需（五17～18）。對長老的投訴要慎重處理，必須證據確鑿才受理，但同時也要有過必罰，不可偏私（五19～20）。因為長老的角色是如此重要，而他們的罪行可能需要一段時間才顯露出來，所以保羅提醒提摩太要小心分辨，不可貿然按立他們（五21～25）。

你認為牧師受薪是否就不是過著「信心的生活」？身為信徒的你又如何過你的信心生活？你以甚麼態度對待錢財？

主人和奴僕在基督裏雖然是弟兄，但信主的奴隸仍須敬重主人，並盡自己的本分（六1～2）。

接著，保羅回到假教師方面，指出他們傳播異端，製造信徒之間的爭端與不和，歸根結底，只不過是想藉著宗教來作為發財的門徑而已（六3～5）！針對假教師的貪財，保羅在結束時給予一些關於錢財的教導，並加插了一些對提摩太的個人勸勉（六6～21）。從負面來說，信徒不要追求物質的享受，切忌貪財，更不要以錢財為傲或倚靠錢財；從正面來說，信徒要過簡樸的生活，要知足，並對供應我們物質需用的上帝存感恩和倚靠的心，更要慷慨地用錢財幫助他人。

你有否因為上司和下屬與你都是基督徒，而期望得到對方特別的優待或額外的付出呢？

保羅以主耶穌自己的忠心見證，鼓勵提摩太要忠誠，持守信仰。這番話不單只為了提摩太而寫，也是給每一個信徒的勸勉，所以最後保羅以一個為教會全體的祝福作結，祈願上帝給他們恩典（六21）。

提摩太前書摘要

信息：保羅勸勉提摩太謹守真道、防備異端；並分別就敬拜應有的秩序、領袖的品格及牧養不同信徒當有的態度等幾方面作出提點。

作者：保羅

寫作日期：約公元63至64年間

大綱

A. 問安（一1～2）

B. 囑咐提摩太對付假教師（一3～20）

C. 教會的禱告（二1～7）

D. 崇拜的指引（二8～15）

E. 教會領袖的資格（三1～13）

F. 保羅寫信的目的（三14～四5）

G. 囑咐提摩太在真理上長進，防備假教訓（四6～16）

H. 關於寡婦的指導（五1～16）

I. 關於長老的教導（五17～25）

J. 關於奴隸的教導（六1～2）

K. 關於錢財的教導和對提摩太的個人勸勉（六3～21）

9.2. 提多書

9.2.1. 寫作背景和目的

保羅在羅馬被囚獲釋後，曾與提多在克里特島工作了一段時間，並把提多留下繼續照顧教會（一5）。保羅在往希臘西岸的尼哥坡里途中（三12）給提多寫這封信，對他的牧養工作提供實際的指引和提醒。此外，信中也處處囑咐提多防備假教師；這些人鼓吹一些猶太荒唐的傳說（一14），喜好有關家譜和律法的辯論（三9），他們提倡禁欲主義

(一15)，自己卻又貪財敗德(一11、16)。整體來說，這些錯謬與提摩太前書所顯示的同出一轍。

克里特教會

我們對克里特教會的起源所知無幾。在五旬節時，有些從克里特來的猶太人到耶路撒冷過節(徒二11)，因而聽到福音，不知這些人有否將福音帶回克里特。另一方面，克里特在愛琴海南面，位於歐、亞、非3洲的海路中心，相信有不少基督徒在那裏停留，他們也可能曾在那裏傳福音，建立教會。此外，使徒行傳記載保羅赴羅馬的航程中，曾在克里特登陸，但我們並無證據顯示他在那裏有傳道的機會或與當地信徒有任何接觸(徒二十七7～13、21)。

從提多書的內證看來，克里特教會似乎在很多方面還未上軌道。我們可以推想，當地大部分的信徒都是保羅從羅馬獲釋後在那裏傳道時信主的。儘管保羅不一定是克里特教會的創辦人，但當地信徒的人數定必因為保羅與提多的工作而激增，以致新的教會聚會點遍布島上各城，當保羅離開之時，還未有足夠的教會領袖，也有很多還未辦完的事務(多一5)。

因為提多書與提摩太前書的寫作目的甚為相似，成書年期也相近，所以在內容上有不少雷同。提多書可說是提摩太前書的濃縮版本，信裏很多的教導，例如教會領袖的資格、對假教師的抨擊、對教會內不同人士的處理、好行為與教會對外的見證等等，都見於提摩太前書。

不過，這兩封信也有一些顯著的分別。首先，可能由於提多的性格較為剛強果斷，保羅可以在信中專注於討論教會的事務，沒有像提摩太前書那樣插入許多個人性的勸勉。此外，提摩太所負責的以弗所教會已建立了10年以上，假教師是一個已在教會內部存在的問題，所以保羅劈頭便吩咐提摩太要對付這些假教師。反觀提多所負責的克里特教會卻還未上軌道，假教師大概還未滲透到教會的領導層，他們的威脅也未如在以弗所教會那樣嚴重，所以保羅的指導較為溫和。保羅首先討論教會領袖的資格，然後才評論假教師，語調是防範過於糾正。提多書對正統教義和好行為的闡述也較提摩太前書詳細，信中有兩段偉大的神學論述，帶出了恩典和善行的關係（二11～14，三4～7）。雖然保羅在提摩太前書也有指出好行為的重要性（提前二10，五10），但勉勵信徒有好行為的話卻成為了貫徹提多書的主題（一16，二7～8、14，三1、8、14；另參一8），這可能是針對克里特人的道德水平而發的（一11～12）。

9.2.2. 內容

保羅在信首長長而嚴肅的問安語（一1～4）顯然不單單寫給與他極其相熟的提多，而是為克里特教會全體信徒而寫的。保羅強調自己的使徒地位，並簡述福音的要旨。福音是真理，因為它是出自不撒謊的上帝的。

在9節保羅用「健全」這個醫學術語來形容正確的教義，提醒我們純正的教義是教會的屬靈健康所不可或缺的。

接著，因著囑咐提多留在克里特設立長老的事，保羅就對長老當有的品格作出指引（**一5～9**），這裏所列的資格與提摩太前書三章2至7節對監督（《現修》譯作「教會領袖」）的要求很相似，表明「長老」和「監督」是可互換的用語（比較一6、7兩節）。值得留意的是，在提摩太前書中，因為假教師在教會裏似乎已有相當的影響力，所以保羅就吩咐提摩太親自對付他們；然而在提多書，保羅除了吩咐提多親自禁止假教師說話之外（一11），同時也把糾正假教訓的責任交給提多將要設立的長老（一9），有點未雨綢繆的意味，這也可能因為提多即將離開克里特之故（三12）。此外，配合提多書強調善行的主題，保羅也特別提到這些長老必須喜歡「做好事」（一8）。

面對那些假教師，尤其是那些主張受割禮的猶太基督徒，保羅吩咐提多要禁止他們説話，他指出假教師傳講荒唐無稽的話，貪圖錢財，極具破壞性，正符合克里特人的性格(一12)，因而必然會使問題惡化。因此，保羅也吩咐提多要嚴厲責備那些接受假教訓的克里特信徒，以保存健全的信仰(一13)。留意保羅特別針對假教師的行為，説他們「做不出甚麼好事來」(一16)！

轉入二章，是有關勸勉教會內不同人士的指引(二1～10)，這裏所討論的各類人等與提摩太前書五章1至2節及六章1至2節一樣。不過，提摩太前書的重點是在於如何用合宜的態度來對待這些不同類型的人，而提多書的重點則強調這些不同類型的人當有的表現和好行為，以致得到教外人的尊重(二5、8、10)。至於作為牧者的提多更必須以身作則：「無論在甚麼事上都要有好行為，作別人的模範。」(二7)

好行為雖然重要，卻不是我們得救的憑藉，而是我們藉著恩典得救的果效。在接著的一段偉大的神學宣言中(二11～14)，保羅就指出信徒行善的動力其實是出於上帝拯救全人類的恩典，因為基督為我們犧牲的目的，是要叫我們成為上帝純潔的子民，熱心行善。因此，信徒的行為必須與他們蒙恩的盼望和基督犧牲的愛相配。

你日常的生活表現有多少是基於對基督的愛的回應呢？

提多書二章13節稱耶穌基督為「我們的至尊上帝和救主」(參《現修》附註)，這是新約聖經裏其中一個對基督的神性最清楚的宣告。雖然根據《現修》正文裏的譯文，「上帝」和「救主」可以理解為兩個不同的個體，但是從新約希臘文的文法結構看來，這兩個字是毫無疑問地指同一個個體，即是耶穌基督。

對你來說，「三位一體」是令人卻步的深奧教義，還是令人湧出敬拜頌讚的偉大思想？

到三章，在指出信徒應該順從當權者和對世人友善（三1～3）之後，保羅以另一段偉大的神學宣言（三4～7）來重申恩典與善行的關係。他指出我們的得救不是因為善行，而是由於三位一體上帝的憐憫和工作。然而，上帝拯救的目的是使一切信他的人熱心行善（三8）。

三章8至11節的吩咐可謂與一章10至16節前後呼應。保羅更特別指出，假教師在真理上的錯謬，可以從他們敗壞的行為上清楚看見。

「行善」：《和合本》譯作「正經事業」。

在信末，保羅叮囑提多，當接替教會工作的人來到後，就要盡快趕去尼哥坡里見他（三12）。最後，保羅再一次呼籲信徒要在「**行善**」上多多努力（三14）。與提摩太前書一樣，提多書不單是一封私人的信函，也是同時供教會全體傳讀的公函，因此保羅在信末也為全體（複數「你們」）祈願上帝的恩典（三15）。

提多書摘要

信息：保羅囑咐提多要維持教會的秩序和堅守純正的教導，並要立志過敬虔的生活。

作者：保羅

寫作日期：約公元63至64年間

大綱

A. 問安（一1～4）
B. 在克里特各城設立長老（一5～9）
C. 假教師的錯謬（一10～16）
D. 教會裏不同人士應有的好行為（二1～10）
E. 恩典是善行的基礎（二11～15）
F. 基督徒在世上的好行為（三1～8）
G. 對付假教師（三9～11）
H. 信末的指示和問安（三12～15）

9.3. 提摩太後書

9.3.1. 寫作背景和目的

提摩太後書是保羅第二次在羅馬被囚時寫成的(一8、16，二9)。回顧保羅第一次在羅馬被囚時，他大部分時間都住在自己所租的房子，有相當的自由，可以接待許多朋友和客人，也頗有信心會無罪獲釋。但現在他卻在一個地點不明的囚室裏，阿尼色弗千辛萬苦才找到他(一16～17)，而且只有路加跟他在一起(四11)；他對獲釋已是完全絕望了(四6、18)。

根據一份叫《保羅行傳》的新約次經(約寫於公元2世紀末)記載，保羅再抵羅馬時是自由身，並與路加和提多見面。不過，不少學者卻從保羅在特羅亞留下了外衣這線索推測，他是在那裏突然被捕的，以致匆忙間來不及收拾東西。

保羅在信中聲明他是為福音的緣故被囚，但可惜卻沒有交代細節。根據我們所有的歷史資料，當時正值尼祿王逼迫基督徒，宣布基督教為違法的宗教。**保羅可能是在重返羅馬城探望信徒時被捕的**，又或是在特羅亞傳道時被捕(四13)，然後被解往羅馬監禁。無論如何，保羅的被捕大有可能是被銅匠亞歷山大陷害所致(四14～15)。根據早期教會歷史學家優西比烏的記載，保羅就是在這次身處羅馬城期間，在尼祿王的手下殉道的。

尼祿王對基督徒的逼迫

公元64年7月，羅馬城發生大火，有不少人懷疑是尼祿王縱火所致。尼祿為了闢謠，便嫁禍於基督徒。羅馬歷史學家塔西圖(Tacitus)雖然對基督徒極其憎惡，卻也按公道說話。他如此描述當時的情況：「尼祿將所有罪狀加諸為人所憎惡的基督徒，以極度殘酷的懲罰折磨他們……無數的人被定罪，不是由於縱火的罪，而是因為他們敵視人類【意即：塔西圖認為這些基督徒敵視人類】。他們死前還遭受到各式各樣的凌辱；他們被迫穿著獸皮，被狗撕裂至死，或被釘十字架，或烈火焚身，用以照明夜空。……雖然這些罪犯應受嚴刑，但這一切終於引起人民的同情；因為他們被殺害，似乎不是為了公益，而是為了滿足一個人的殘酷個性。」

信徒身處如此水深火熱之中，要勇敢地承認信仰委實談何容易？不少人在殘酷逼迫的陰影下作了懦弱的抉擇，背離了保羅（一15，四10、16）。保羅自從信主開始，30年來為福音事工盡心竭力，堪稱是捍衛真理的偉大戰士。但現在他似乎是眾叛親離，孑然一身，兼且獲釋無望，大限將至（四6），而假教師的活動卻愈發囂張（二16～18，三13），難道福音的命脈就此了斷嗎？在這個四面楚歌、危機重重的時候，保羅寫了這一封感人肺腑的信給提摩太。不單為要見他最後一面（一4，四9、21），更為了薪火相傳，鼓勵提摩太追隨自己的榜樣，忠心地持守福音信仰，忍受迫害的痛苦，並竭力抵禦假教導。提摩太亦要同樣地發掘繼承的人才，使福音的傳承生生不息（二2）。這封信不僅是保羅給提摩太個人的託付，也是給歷世歷代教會的託付和挑戰（參四22的「你們」）。

提摩太後書的風格很像當時流行的道德訓誡書信（paraenetic letter）。這種文體通常用於長者對後輩的勸勉，特別鼓勵年輕人去效法德行的典範，而較有人生經驗的父母或老師就通常是他們的模範榜樣。年輕人常常被重複提醒，要謹記他們從模範長者所聽見的教導和看見的榜樣，並應學效去行。同樣，在提摩太後書，保羅也叮囑提摩太以他為典範，並處處提醒提摩太謹記他向來的教導和榜樣（提後一8～14，三10～17，四6～18）。

提摩太後書可說是保羅的遺書。然而，面對死亡將至，保羅並沒有灰心氣餒，反而以堅定和視死如歸的勇氣來承受一切因福音而來的苦難（一8，二3，三12，四5）。基督勝過死亡，並帶來生命，這主題可謂響徹全書，餘音縈繞（一10，二8～13，四8、18）。誠然，這不是臨終的哀鳴，而是加冕的凱歌。

9.3.2. 內容

這裏的問安語（一2）與提摩太前書的問安語很相似。在兩處保羅都稱提摩太為他的「兒子」，並為他祈願上帝的「恩典、憐憫、平安」。不過，保羅對提摩太的稱呼從「信仰上的真兒子」（提前一2）改為「親愛的兒子」（一2），語氣顯得更為親切。更值得注意的是，保羅雖然面對死亡，卻開宗明義地宣布，他所傳的信息是關乎「所應許的新生命」（一1）。此外，在感恩部分（一3～5）保羅強調他與提摩太的親密關係，並提摩太對先輩信仰的持守。這些簡單的申明都帶出了貫徹全書的主題，導引著提摩太的思想。

保羅從幾方面來勸勉提摩太要剛強，持守真道（一6～14）：

1. 聖靈的工作（6～7、14節）。保羅指出上帝所賜的**聖靈**可以使提摩太剛強壯膽。
2. 基督的福音（9～10節）。在逼迫的壓力下，信徒的試探就是為了挽救自己的生命而背棄基督。但保羅指出基督已經毀滅死亡，也只有基督才可以賜人不朽的生命。
3. 保羅的榜樣（8、11～13節）。提摩太要像保羅一樣不以福音為恥，並忠於所託。

7節的「靈」可分別理解為「聖靈」或（人的）「心靈」（參《和合本》）。不過，「聖靈」是較可取的翻譯，因為14節清楚提到聖靈，與6至7節有首尾對應之效。此外，聖靈也常與「恩賜」、「火」和「按手」（徒二2～4，九17，十九6）連在一起。

在15至18節，保羅打岔了他的勸勉。他舉了一個負面和正面的例子來作對比，提醒和鼓勵提摩太不要以保羅為福音坐牢為恥。

因為提摩太即將離開以弗所去見保羅，這福音傳承的命令更形重要。

接著，**保羅吩咐提摩太必須將傳講福音的重責交付忠心稱職的繼任人**，正如保羅將這責任交付提摩太一樣（二1～2）。保羅更用幾個日常生活的例子來鼓勵提摩太要忠心堅忍，專心致志，以致得著上帝的獎賞（二3～7）。之後，保羅再次強調基督死而復活的福音，和他自己為這福音所忍受的苦難，並以另一段「可靠的話」（二11～13）來指出我們若想分享基督復活的生命和榮耀，就也必須經歷他的死，這包括在逼迫中為福音而堅忍到底（二8～13）。

正如在提摩太前書一樣，保羅在這裏對提摩太的指導都是針對假教師的教訓和行為而發。上帝的工人不單要正確地講解上帝真理的信息（二15），也要棄絕假教師那種無知、引起爭端、使人遠離上帝的辯論（二14、16、23）。在行為上，信徒必須防備假教師腐化的影響，保持自己的聖潔，為主做各樣的善事（二19～21）。在態度上，上帝的僕人仍要對敵對者和氣地循循善誘，避免假教師那種氣焰好勝的心態（二22～26）。

按新約的末世觀，自基督耶穌降生之後，末世已經開始了。

轉入三章，保羅提醒提摩太，世界的**末期**會有種種苦難和背道的事（三1～5；參提前四1）。假教師的罪惡生活正是背道的彰顯。保羅指出他們反對真理，就好像以前**法老王的兩個術士**雅尼和洋布雷反對摩西一樣（三6～9；另參出七11～12）。

出埃及記並沒有提及雅尼和洋布雷，不過這兩個名字卻見於一些早期的猶太文獻。

保羅繼以自己的品格行為與假教師的行徑作出對比（三10～13），讓提摩太可以擇善拒惡。透過憶述自己從前在路司得一帶如何為福音遭受迫害，保羅著意**鞏固提摩太為福音受苦的心志**。

提摩太是路司得人，是保羅在當地傳道時認識的（徒十六1），所以他對保羅在路司得忠心傳道的經歷應該特別深刻。

提摩太不僅要持守保羅的教訓和榜樣，更要持守他從小就熟習的**聖經**(三14～17)。保羅指出聖經是受上帝靈感而寫的，不過他的目的不是要闡述一套默示的理論，而是要強調聖經在信徒信仰和生活上的重要性和全備性。提摩太如果要抗拒和糾正假教師在教訓和道德上的敗壞影響，就必須在聖經真理上多下功夫。

三章14至17節所提及的「聖經」是指舊約聖經。當時信徒尚未有新約聖經，因為大部分新約書卷還未寫成。

因為世人拒絕真理，卻輕信荒謬的道理，所以傳道的工作是艱辛的，也少有所謂理想的時機。因此，保羅極其嚴肅地囑咐提摩太，不管時機理想不理想，都要忠心不懈地傳道(四1～5)。保羅自己已經努力完成了上帝的託付，現在是快要得獎賞的時候了。保羅這樣說，不是要自誇，而是要鼓勵提摩太像他一樣，為福音努力不懈，因為主不單要把公義的華冠賜給保羅，也賜給一切愛主的信徒(四6～8)。

雖然保羅有偉大的信心，也熱切盼望見主的面，但這並不等於他便沒有人性的基本需要，尤其是對友情的渴求。主耶穌在客西馬尼園面對十字架的苦難時，不也盼望彼得、約翰和雅各與他一同警醒嗎？

當保羅想到自己時日無多，兼且不少朋友同工都因種種原因而離開，只有路加和他在一起，他實在**感到孤單**，所以便盼望提摩太能盡快來到他的身邊，並順便將馬可和自己以前在特羅亞留下的**一些物品**帶來(四9～13；另參一4，四21)。因為提摩太取道特羅亞來羅馬，所以保羅特別提醒他要提防那曾經陷害他的銅匠亞歷山大(四14～15)。

保羅特別叮囑提摩太將一些羊皮書卷帶來，因為皮卷價值不菲，裏面想必有重要的內容，例如一些關於保羅的法律文件或舊約聖經的抄本等。

最後，保羅語帶傷感地指出自己在初審之時得不到其他信徒的支持，全靠主幫助了他。然而，他最關注的，不是要脱離大難，而是正視死亡，堅信主會接他到榮耀的天國去(四16～18)。

保羅以慣常的問安語作結(四9～22)。因為冬天不宜航行，所以他囑咐提摩太盡可能在冬季以前趕來見他最後一面。「願上帝賜恩典給你們」(四22)可謂是保羅遺留下來最後的一句話。對於這位一生致力傳揚上帝恩典福音的偉大使徒而言，這祝福語實在是合適不過了。

提摩太後書摘要

信息：保羅藉著分享他個人事奉的感受與信念，囑咐提摩太要盡心竭力地服事教會，也要效法他，矢志傳道。

作者：保羅

寫作日期：約公元65至67年間

大綱

A. 問安與感恩(一1～5)

B. 榜樣與勸勉(一6～二13)

C. 正確地講解上帝的真理，防備假教師(二14～三9)

D. 效法保羅，忠心持守真理及傳道(三10～四8)

E. 保羅自己的處境(四9～18)

F. 結語(四19～22)

9.4. 教牧書信的信息

有沒有真理？甚麼是真理？在今天思想多元化和道德相對化的社會，教牧書信的貢獻，莫過於它們對真理的肯定和持守。

保羅宣稱教會是真理的柱石和基礎(提前三15)，並從正統教義、生活行為、組織和教牧領導的角度來闡明教會在維護真理上的角色。教牧書信的語氣是嚴肅、冷靜和語重心長的，並沒有較早期的書信裏那種深邃的神學辯證和絢爛熾熱的激情。誠然，這種務實的描述並不像哥林多前書對作為基督身體的教會那種強調肢體之間互相配搭的動感表達，也不像以弗所書對作為基督妻子的教會那種展現美感的描述。然而，柱石雖然是既不動也不美，卻能帶給人們一種莫大的安全感。作為真理根基的教會，是漂浮不定的人生的穩妥保障，是在異端邪說氾濫和世俗狂潮衝擊的世界裏的中流砥柱。

後現代世界的一個普遍信念，就是根本不承認客觀真理的存在，更別提永恆的真理了。既然沒有絕對的真理，也自然沒有絕對的道德標準。事實上，所謂真理或道德的抉擇，都不過是一些文化現象，並沒有終極的意義。因此，人生不應受任何權威所限制，「想做就去做」，感覺好就是合理。在這種氣候下，自我實現和享樂自然成為人生的最高目標，包容一切也成了最寶貴的美德——惟一例外的是不可以包容那些堅持有絕對真理和倫理標準的人！

教牧書信卻勇敢地宣告，這世界是有絕對的真理和道德律的。這絕不是充滿錯謬的人類自己努力營建的成果，而是源於永不說謊的上帝的啟示和權威（多一2；另參提後三16）。當然，基督教是一個活潑和親切的信仰。在認識上帝的過程中，必然充滿了個人主觀的經歷。但是，主觀經歷卻不足作為真理的依據，只有上帝的話才是評定是非善惡的最高標準。既然上帝已啟示了祂自己，所以真理並非如人們所想像的那般主觀、朦朧、拿不準和相對的。在上帝啟示的真光照耀下，保羅清楚知道自己所信靠的是誰（提後一12），也知道甚麼是真理和錯謬（提前二7）。他更可以看見自己在信主以前，無論在猶太教中是多麼的虔誠和博學，實質上只不過是一個無知的罪魁而已（提前一15，六21；多三3）。

保羅多次用「至於你」和「但是你」等呼籲提摩太和提多必須與世界和異端劃清界線（提前六11；提後三10～14，四5；多二1、7）。這顯示在上帝的話和世界的價值觀之間，存在著一種無可避免的矛盾。我們不能從新塑造和發明福音，試圖改變上帝所啟示的那永恆不變的真理，以迎合這世界日新月異、千變萬化的思想和潮流。這不是說，基督徒可以壟斷一切真理，在真理的理解和應用上無須反省，或藐視世人一切的學問和善行。而是說，關於得救的智慧和討上帝喜悅的行為——也就是人生最重要的知識真理，聖靈已經藉著使徒的教訓和舊約聖經充分和清晰地告訴我們，無須我們在黑暗中摸索（提後三15～17）。我們的責任，就是要持守上帝所付託給教會的真理，作真理的戰士。這包括以下4方面：

❶ 維護真理

維護真理與保護財產，哪一樣較容易？所付出的代價與收穫有何不同？

無論是財產、健康或任何有價值的東西，人們都會去設法保護，使它免受破壞、侵蝕或虧損。同樣地，我們必須珍惜和維護真理，因為這是上帝付託給我們的寶藏（提後一12～14）和健全的教義（提前一11；多二1）。異端不單有如毒瘡般侵蝕身體良好的細胞，也造成各種的分裂，嚴重地影響著教會的生命（提前一4，六4～5；提後二17）。因此，為了保護教會的屬靈健康和產業，教牧書信對假教師的抗拒是不遺餘力的。信徒必須熟諳聖經，在真理上一直長進（提前四13、15），能分辨甚麼是健全的信仰，甚麼是無益的辯論和有害的異端。

另一方面，教會也要透過組織和紀律，並藉著經過嚴格挑選和時間考驗的領袖，來防範異端的教訓和行為。教會的領袖更必須能正確地講解上帝真理的信息，駁倒異端的錯謬（多一9），並存溫和敦厚的態度，持久地為真理申辯而不帶一個好勝爭鬥的心（提前六4、20；提後二22～26）。

在今日高舉個人自由、日創奇迹的世界裏，信徒很不容易甘於平凡，以致無止境地追求新奇、刺激與火花。有些人敢作敢言，甚至譁眾取寵，以批評傳統為榮，以「出位」為樂。動機有時也許是信仰反省，可惜實際上卻破壞了教會的合一和防範異端的機制。

教牧書信提醒我們不要將更易等同於進步，以致輕視列祖先賢交付給我們的智慧傳統與教導，使我們如假教師般成了散佈異端毒害和破壞教會合一的工具。

❷ 傳揚真理

基督教的誕生與成長都是與福音的宣講息息相關的。教會不能閉關自守，單單防備假教訓，維持正統的信仰，更要滿有熱忱地積極傳揚福音真理。因為如果真理不被傳播，錯謬就會擴散蔓延；如果上帝的道不被人們所認識和接受，魔鬼的謊言就會支配人心。事實上，魔鬼的工作已經極為蓬勃，教會若不在傳福音的事工上有相應的努力，無異於慢性自殺。所以我們不管時機如何，都要竭力傳道(提後四1～5)。

傳揚真理與説長道短，哪一樣容易？你應如何使用你的口來事奉上帝？

此外，當假教師愈發增多時，教會也必須訓練更多傳講真理的工人來抗衡。因此，保羅吩咐提多在各城設立長老來傳承純正的道理和抵抗異端(多一5、9)，也吩咐提摩太將真理傳給可信賴而且能夠教導別人的下一代領袖(提後二2、9)。傳揚真理不單是個人或個別教會的責任，更是上帝對信徒全體的託付。我們需要有廣闊的視野和長遠的眼光，不應只短視地關注個人靈命的成長，更要投資於訓練的事工，包括對神學院、宣教機構和文字工作的支持，為普世教會預備下一代的領袖和傳講真理的工人，確保福音真理薪火相傳。

❸ 活出真理

教牧書信清楚給我們看見，真理與敬虔是不可分割的(提前三16；多一1)。純正的信仰不只是對某一套教義的宣認和辯明，更要使人離罪，並實踐上帝所喜悦的善行(多二1、7、14)。真理是需要用理性和知識去確立的，但同時也需要藉著生命的體驗和實踐來表明。因此，信心與良心、道理與倫理是緊扣相連的。長期的疏懶和忽略真理的認知必定帶來道德的敗壞；反之，埋沒良心的聲音和輕視道德的責任也終必帶來思想的錯謬。

教牧書信的道德教訓與當時希羅社會的倫理價值觀有不少相若的地方，而信徒也必須在教外人面前有好的行為表現。這點提醒我們，信仰和敬虔有公開的一面。我們不要將信仰變得絕對個人化，以為追求敬虔的生命便等同於追求個人內在的屬靈經歷。當然，信徒的道德責任並不限於奉公守法和循規蹈矩地做「好人」，但至少不能低於世人所尊重的道德標準（提前三7）。

你認為活出真理需要付上甚麼代價？

對享樂和錢財的貪愛，是假教師和受他們誤導者的主要道德缺失（提前六5；提後三2～6；多三11）。在今天消費主義和享樂主義瀰漫的社會，人們對財富享樂的貪婪更遠超保羅的時代。貪婪和擁有欲已幾乎成了推動現今社會經濟發展的動力。不少社會領袖甚至一味鼓吹賭博的經濟公益價值，而無視於其中的倫理代價。教牧書信強調智慧自律的行為和簡樸知足的生活，雖然不是甚麼破天荒的教誨，卻有如暮鼓晨鐘，提醒現今的信徒：自古以來，貪財都是萬惡和愁苦的根源（提前六10），而沉迷享樂的人更是雖生猶死（提前五6）。

4 為真理受苦

人總是情願少受痛苦，多得祝福。然而，教牧書信提醒我們，幸福的生活並非信仰的必然產物，苦難也不是避之則吉的厄運或上帝不賜福的證據。保羅嚴厲反對苦害己身的禁欲主義，但同時指出我們必須有為真理受苦的心志，因為這是我們在主裏生活的明證（提後一11～12，二9，三12）。生活在這個思想行為都與福音背道而馳的世界裏，持守真理是危險和艱苦的。當我們以基督真理為自己言行的依據時，必然會暴露世人屬靈的黑暗，令他們不安，刺激他們防衛系統的反彈。我們往往會被視為封閉、無知、自鳴清高的一羣，更成為世人揶揄嘲弄甚至逼迫的對象。因此，我們必須本著極大的勇氣，排除萬難，作真理的戰士，持久地為真理付出勞苦與代價（提後一8，二1、3）。

保羅對自己的生命無悔，這對你有何深切的提醒？你有把握在你離世之際也能如此無悔無憾嗎？

主耶穌已作了美好的見證（提前六13），保羅也已經完成了主所託付的工作（提後四6～8），提摩太和提多也忠心地承接了保羅的工作，並交付了下一代的教會。2000年來的歷史，也見證了歷代教會先賢如何堅貞不移地持守和傳揚福音真理。無數有名無名的信徒為真理而活，又為真理而死，保存了純正福音的命脈。今天我們能夠認識真理，又豈是偶然的呢？我們能忠心地將真理的火炬繼續傳遞給後人嗎？

但願本書的讀者都能作福音真理的忠心戰士，在人生的終結時，能夠像保羅一樣，對過去在主裏的日子毫無後悔，對未來見主面的日子只有熱切的盼望（提後四8）。

溫習問題

1. 試分別簡述提摩太和提多與保羅的關係。
2. 整體而言，3封教牧書信在主題方面有何相似之處？
3. 保羅晚年的傳道生活如何？
4. 有些學者認為3封教牧書信都不是保羅寫的，他們有何理據？傳統以來，一般會如何回應這些理據呢？
5. 保羅為何如此著重在經濟上幫助教會中有需要的肢體(例如寡婦)？
6. 試比較提摩太前書與提多書的異同之處。
7. 試解釋提摩太前書中「敬虔」這詞的意思。(提前三15～16，四7、13、15～16)
8. 保羅從哪幾方面勸勉提摩太要持守真道？(提後一6～14)
9. 教牧書信中的真理觀與(後)現代文化的真理觀有何分別？
10. 從教牧書信中，保羅如何勸勉我們持守上帝所付託給教會的真理，作真理的戰士？試分析一二。

附錄

附錄：保羅生平中重要的日子和事件

日期(公元)	保羅生平中重要的事件	羅馬／猶太人統治者
約5～10年	保羅（掃羅）在基利家（亞細亞）的大數城出生	
14～37年		君王提庇留統治
26～36年		龐修彼拉多作猶太總督
26～30年或29～33年	耶穌的公開傳道事奉	
約35年	保羅信主（約25～30歲）	
約35～38年	保羅在阿拉伯	
37～41年		君王該猶(亞里古拉)統治
約38年	保羅信主後第一次到耶路撒冷	
41～54年		君王克勞第統治
45/46年	保羅第二次到耶路撒冷	
46～48年	保羅第一次宣教旅程	
48/49年	耶路撒冷會議（保羅第三次到耶路撒冷）	
約49～52年	第二次宣教旅程	
49～50年	保羅、西拉從敘利亞的安提阿經小亞細亞往馬其頓和亞該亞	
約50～67年	保羅在這些年間撰寫他的13封書信	
50～52年	保羅在哥林多逗留了年半至兩年的時間	
50/51年	寫帖撒羅尼迦前、後書	
51年	保羅在亞該亞總督迦流面前受審	迦流作亞該亞總督
52年夏	保羅第四次到耶路撒冷	
52～59年		腓力斯作猶太總督
53～57年	第三次宣教旅程	
53～55年	保羅在以弗所	
54～68年		君王尼祿統治
約54～56年	寫哥林多前、後書	
55～57年	保羅在馬其頓、以利哩古和亞該亞	

約50年代中期	寫加拉太書（也有認為是40年代後期或50年代初期）	
56～57年	寫羅馬書	
約57年	保羅第五次(最後一次)到耶路撒冷	
57年	在耶路撒冷被捕	
57～59年	保羅被囚於凱撒利亞	
59年		非斯都作猶太總督
59/60年	保羅啟程往羅馬	
60年2月	保羅到達羅馬	
約60～62年	保羅在羅馬被軟禁	
60～62年	寫監獄書信	
62年		亞勒比努作猶太總督
62/64年	保羅在羅馬獲釋後，曾重返以弗所	
63/64年	寫提摩太前書、提多書	
64年7月19日		羅馬城被焚
?65年	保羅到西班牙	
65～67年間	在羅馬第二次被囚；寫提摩太後書	
65～67年間	保羅被處決	
66～74年		第一次猶太人叛亂

聖經通識叢書

兼顧學術研究的精確和執著，
並教會信徒生活上的實踐。

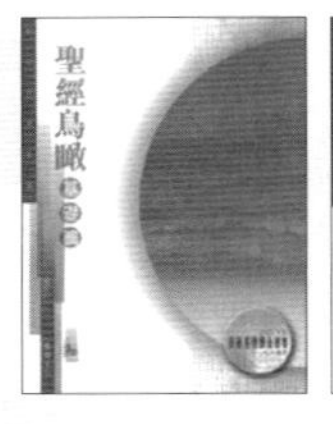

聖經鳥瞰
為您精簡而全面地展現聖經的本體與其來龍去脈

基礎篇 黃錫木 著／HK$93
進深篇 黃錫木 著／HK$68

聖經書卷要領
助您宏觀同類的聖經書卷

舊約先知書要領 黃嘉樑、梁國權、雷建華 著／HK$98
耶穌生平與福音書要領 孫寶玲、黃錫木 著／HK$98
使徒行傳與保羅書信要領 張達民、黃錫木 著／HK$98
希伯來書、大公書信與啟示錄要領 張略、黃錫木 著／HK$78

聖經書卷析讀
助您進深分析個別聖經書卷的內容和信息

在曠野中與上帝同行——民數記析讀 黃嘉樑 著／HK$168
建立新世代——申命記析讀（卷上） 賴建國 著／HK$138
建立新世代——申命記析讀（卷下） 賴建國 著／HK$138
剛強壯膽回應上帝的應許——約書亞記析讀 黃嘉樑 著／HK$163
背約沉淪的循環軌迹——士師記析讀 吳獻章 著／HK$138
以敬以虔活在當下——傳道書析讀 吳慧芬 著／HK$138
愛的審判與生命的應許——耶利米書析讀 熊潤榮 著／HK$148

與人同在的彌賽亞君王——馬太福音析讀(卷上) 黃漢輝 著／HK$128
與人同在的彌賽亞君王——馬太福音析讀(卷下) 黃漢輝 著／HK$128
奔走風塵的僕人——馬可福音析讀 張略、黃錫木 著／HK$118
逆轉人生的上帝之子——路加福音析讀 孫寶玲 著／HK$118
道成為人的耶穌——約翰福音析讀 吳道宗 著／HK$138
風起雲湧的初代教會——使徒行傳析讀 張達民、黃錫木 著／HK$98
情理之間持信道——加拉太書、帖撒羅尼迦前後書析讀
張達民、郭漢成、黃錫木 著／HK$98
同歸於一得基業——以弗所書析讀 郭漢成、劉聰賜 著／HK$128
連於基督走窄路——歌羅西書析讀
曾思瀚 著／蘇慧中 等譯／HK$108
僕人領袖的教導與領導——提多書、提摩太前書析讀
曾思瀚 著／曾景恒 譯／HK$138
擁抱危機的事奉傳承——提摩太後書析讀 曾思瀚 著／曾景恒 譯／HK$98

其他出版

讓您多方、多向，更完整地研讀聖經

憑祢恩言——實用基督徒生活手冊 郭鴻標、黃錫木 主編／HK$108

聖經通識手冊 羅慶才、黃錫木 主編／HK$188

緊扣時代 服事教會

以文字傳揚基督真道

讀者意見表

衷心多謝你購買本社書籍。本社一直致力以出版事工服事教會，幫助信徒扎根於神的話語，促進靈命增長。為使我們的出版更能滿足你的需要，請填寫下列各項資料，並寄回或傳真予本社。

所購書籍：________________

本書最吸引你的地方：

☐作者 ☐適切性 ☐文筆 ☐設計 ☐實用性

☐其他：________________

購買本書地點：

☐基道書樓 ☐基督教書店 ☐非基督教書店

性別：☐男 ☐女 職業：________________

信仰：☐基督徒 ☐非基督徒

年齡：☐ 16 歲或以下 ☐ 17～25 歲 ☐ 26～35 歲

☐ 36～55 歲 ☐ 56 歲或以上

學歷：☐中三或以下 ☐中五 ☐預科

☐大學 ☐研究院

☐我欲更多了解基道出版社的事工及考慮支持，請寄給我下列資料：

☐機構簡介 ☐新書資料 ☐基道會員通訊

☐《基道文字事工通訊》

姓名：________________ 電話：________________

地址：________________

____

傳真：________________ 電子郵件：________________

其他意見：________________

____

多謝賜教！

基道出版社

意見表可以傳真（2687-0281）或直接郵寄以下地址：
香港沙田火炭坳背灣街26號富騰工業中心1011室
基道出版社編輯部收